CÓDIGO DE PROCEDIMENTO E DE PROCESSO TRIBUTÁRIO

MARTA REBELO
Mestranda na Faculdade de Direito de Lisboa
Docente do grupo de ciências jurídico-económicas da Faculdade de Direito de Lisboa

CÓDIGO DE PROCEDIMENTO E DE PROCESSO TRIBUTÁRIO

Algumas anotações à luz da reforma do contencioso administrativo

Contém:
- Código de Procedimento e de Processo Tributário
- Tabela de correspondência CPPT/CPA/CPTA/LGT

ALMEDINA

TÍTULO:	CÓDIGO DE PROCEDIMENTO E DE PROCESSO TRIBUTÁRIO
AUTOR:	MARTA REBELO
EDITOR:	LIVRARIA ALMEDINA – COIMBRA www.almedina.net
LIVRARIAS:	LIVRARIA ALMEDINA ARCO DE ALMEDINA, 15 TELEF. 239 851900 FAX 239 851901 3004-509 COIMBRA – PORTUGAL livraria@almedina.net LIVRARIA ALMEDINA ARRÁBIDA SHOPPING, LOJA 158 PRACETA HENRIQUE MOREIRA AFURADA 4400-475 V. N. GAIA – PORTUGAL arrabida@almedina.net LIVRARIA ALMEDINA – PORTO RUA DE CEUTA, 79 TELEF. 22 2059773 FAX 22 2039497 4050-191 PORTO – PORTUGAL porto@almedina.net EDIÇÕES GLOBO, LDA. RUA S. FILIPE NERY, 37-A (AO RATO) TELEF. 21 3857619 FAX 21 3844661 1250-225 LISBOA – PORTUGAL globo@almedina.net LIVRARIA ALMEDINA ATRIUM SALDANHA LOJAS 71 A 74 PRAÇA DUQUE DE SALDANHA, 1 TELEF. 21 3712690 atrium@almedina.net LIVRARIA ALMEDINA – BRAGA CAMPUS DE GUALTAR UNIVERSIDADE DO MINHO 4700-320 BRAGA TELEF. 253 678 822 braga@almedina.net
EXECUÇÃO GRÁFICA:	G.C. – GRÁFICA DE COIMBRA, LDA. PALHEIRA – ASSAFARGE 3001-453 COIMBRA Email: producao@graficadecoimbra.pt JULHO, 2004
DEPÓSITO LEGAL:	214228/04

Toda a reprodução desta obra, por fotocópia ou outro qualquer processo, sem prévia autorização escrita do Editor, é ilícita e passível de procedimento judicial contra o infractor.

NOTA PRÉVIA

A razão primordial destas breves anotações prende-se com a necessidade de, no quotidiano laboral, reorganizar a forma de consulta e de apreciação da legislação processual tributária, depois da recente entrada em vigor do Código de Processo nos Tribunais Administrativos. De facto, existindo no CPPT um conjunto de remissões e de regimes conexos com a lei processual administrativa, mudando esta algo mudou na feição e estrutura do contencioso tributário.

Não se trata, de forma alguma, de uma busca exaustiva com a consequente anotação integral do CPPT. Antes, procurou-se assinalar, partindo das principais alterações ao contencioso administrativo, as matérias, regimes e figuras que carecem de uma leitura actualista e de uma re-articulação com as normas de processo nos tribunais administrativos. Apenas os preceitos relativos a tais aspectos foram objecto de comentário.

De igual forma, procurámos expor as nossas sugestões e propor, inclusive, uma nova estrutura para o processo tributário, sobretudo no que toca aos meios processuais de acesso à justiça tributária e à posição das partes. Opiniões que, naturalmente, só vinculam a autora.

INTRODUÇÃO

A Lei do Orçamento do Estado para 2004 (Lei n.º 107-B/2003, de 31 de Dezembro) estabelece no artigo 46.º, sob a epígrafe *"Alterações ao Código de Procedimento e de Processo Tributário"*:

> *"Fica o Governo autorizado a proceder à harmonização entre as normas dos códigos tributários e as normas da Lei Geral Tributária, do Regime Complementar do Procedimento Tributária, aprovado pelo Decreto-Lei n.º 413/98, de 31 de Dezembro, e do Código de Procedimento e de Processo Tributário, aprovado pelo Decreto-Lei n.º 433/99, de 26 de Outubro, ou entre esta e aquelas leis, bem como destes diplomas com as recentes alterações no âmbito do Código de Processo Civil e da **reforma do contencioso administrativo**, relativamente a matérias de caducidade e prescrição, de recursos e procedimento de revisão da matéria tributária, de juros de mora, compensatórios e indemnizatórios, de responsabilidade subsidiária, de penhoras, de vendas, de citações, de notificações, de prazos, de certidões, de competências e de acções sujeitas às regras específicas do contencioso tributário".*

À luz desta autorização legislativa, e por força das solicitações do quotidiano laboral – que reclamam constantemente uma articulação harmoniosa entre o Código de Procedimento e de Processo Tributário e o novo Código de Processo nos Tribunais Administrativos – começámos a desenhar, casuisticamente, soluções de harmonização entre as normas de direito processual tributário e o normativo do direito processual administrativo.

O contencioso tributário tem uma história paralela ao contencioso administrativo, tocando-se aqui e ali, separando-se depois, reclamando em muitos casos uma leitura articulada entre preceitos e regimes. Com a entrada em vigor da Constituição de 1976, e a introdução evolutiva da ideia de *plena jurisdição* e crescente *subjectivismo* no modelo do contencioso administrativo e tributário, este último apresentou, sobretudo na vigência do Código de Processo Tributário, soluções geradoras de maior tutela dos administrados-contribuintes do que a Lei de Processo nos Tribunais Administrativos, em vigor desde 1985.

Os debates doutrinários e jurisprudênciais realizados no palco do processo administrativo serviram, em muitos casos, para que o legislador do contencioso tributário consagrasse soluções aperfeiçoadas e expurgadas de pontos de conflito gerados entre os vários interpretes e aplicadores da lei processual. Em certa medida, o contencioso tributário, tal como plasmado em diversos diplomas mas sobretudo no CPT, apresentava-se em estágio de aperfeiçoamento avançado, face ao contencioso administrativo.

A Lei Geral Tributária e o Código de Procedimento e de Processo Tributário representaram uma linha de continuidade, nessa lógica. No entanto, várias críticas foram lançadas a este "dualismo de via dupla": o desmembramento do regime processual tributário em duas leis de carácter genérico – LGT e CPPT – por um lado; a condensação, num só Código, das regras procedimentais e processuais do direito tributário, por outro.

A centralidade do acto tributário – figura idealizada por Alberto Xavier na vigência do Código de Processo das Contribuições e Impostos – manteve-se como o grande paradigma do contencioso tributário, implicando a manutenção das remissões para as normas de processo nos tribunais administrativos sempre que estivesse em causa um litígio em torno de um acto administrativo (*v.* acto tributário).

Esta janela aberta ao contencioso administrativo revelava-se, então, perniciosa. O processo tributário era, até há muito pouco tempo, um conjunto de normas melhor construído, mais completo, mais aproximado da ideia de plena jurisdição. As falhas da LPTA eram conhecidas e debatidas. Mas a muito custo, e em poucas situações, colmatadas.

Com a entrada em vigor do Código de Processo nos Tribunais Administrativos, a situação inverte-se. A reforma do contencioso administrativo, mais do que colmatar os pontos de falência do anterior bloco normativo ETAF-LPTA, apresenta um modelo inovador, garantístico da posição jurídico-processual dos particulares, sem descurar as características de natureza objectivista que lhe incumbem. De facto, *"os principais traços identificadores do CPTA resultam, desde logo, do conjunto de princípios fundamentais que se encontram enunciados nos seus primeiros artigos. E o primeiro desses princípios é o princípio da tutela jurisdicional efectiva, do artigo 2.º, que, no estrito cumprimento da CRP, e em termos sensivelmente idênticos aos do artigo 2.º do CPC, introduz no nosso contencioso administrativo a velha máxima do processo civil de que* a cada direito corresponde uma acção, *no sentido de que todo o direito ou interesse legalmente protegido encontra na jurisdição administrativa a tutela adequada*" [1]. Todavia, "*o novo contencioso administrativo português nem por isso consagra um modelo subjectivista de justiça administrativa, no qual se elimine "a amplitude do controlo da legalidade, que passa a ser realizada reflexamente por via da protecção dos direitos individuais*" [2].

Face a esta reforma, duas questões ficam no ar: a necessidade de articulação – o sentido das remissões do CPPT para o processo administrativo, completamente reformulado – bem como a necessidade de harmonização – até que ponto não será este o momento para introduzir algumas alterações estruturais no modelo processual tributário, preconizando, mais do que a articulação, a aproximação ao novo modelo do processo administrativo.

É sobre estes dois aspectos que recai o nosso modesto e propositadamente limitado – em termos de espaço, matérias e regimes – esforço, de que estes breves comentários são o resultado último. Sempre no quadro de relacionamento entre o direito (processual) tributário e o direito (processual) administrativo, que torna esta necessidade de articulação, por um lado, e de harmonização e aproximação, por outro, óbvia: aquele é, fundamentalmente, um (sub)ramo deste, "*donde decorre que uma boa parte dos institutos de direito fiscal – seja em sede da organização administrativa fiscal, seja mesmo em sede de organização judiciária fiscal – se encontra numa relação* specie/genus *face aos institutos do direito administrativo*" [3].

É este o quadro subjacente às anotações que ora se publicam. É este o substrato motivador desta modesta empreitada, esperando que as nossas considerações sejam úteis aos aplicadores do direito processual tributário.

A autora
Lisboa, 10 de Maio de 2004

---

[1] DIOGO FREITAS DO AMARAL e MÁRIO AROSO DE ALMEIDA, *Grandes Linhas da Reforma do Contencioso Administrativo*, Almedina, 2002, pág. 49.

[2] Os mesmos autores (ob. cit., pág. 14), citando Carlos Cadilha em "Debate Universitário", *Cadernos de Justiça Administrativa*, n.º 22, pág. 65.

[3] JOSÉ CASALTA NABAIS, *Direito Fiscal*, 2.ª edição, Almedina, 2003, pág. 81.

ABREVIATURAS UTILIZADAS

CPA	– Código do Procedimento Administrativo
CPC	– Código de Processo Civil
CPCI	– Código de Processo das Contribuições e Impostos
CPP	– Código de Processo Penal
CPPT	– Código de Procedimento e de Processo Tributário
CPT	– Código de Processo Tributário
CPTA	– Código de Processo nos Tribunais Administrativos
CRP	– Constituição da República Portuguesa
DGCI	– Direcção-Geral dos Impostos
EMP	– Estatuto do Ministério Público
ETAF	– Estatuto dos Tribunais Administrativos e Fiscais
FP	– Fazenda Pública
LGT	– Lei Geral Tributária
LOSTA	– Lei Orgânica do Supremo Tribunal Administrativo
LPTA	– Lei de Processo nos Tribunais Administrativos
MP	– Ministério Público
OSJF	– Organização dos Serviços de Justiça Fiscal
RCPIT	– Regime Complementar do Procedimento de Inspecção Tributária
RESTA	– Regulamento do Supremo Tribunal Administrativo
TCA	– Tribunal Central Administrativo
STA	– Supremo Tribunal Administrativo

*"Quem teme as tempestades,
acaba a rastejar"*
Horácio

À memória do Senhor Professor António de Sousa Franco,
que nunca as temeu

Saudade

DECRETO-LEI DE APROVAÇÃO DO CÓDIGO DE PROCEDIMENTO E DE PROCESSO TRIBUTÁRIO

DECRETO-LEI N.º 433/99
de 26 de Outubro

1 – A lei geral tributária, aprovada pelo artigo 1.º do Decreto-Lei n.º 398/98, de 17 de Dezembro, exige uma extensa e profunda adaptação às suas disposições dos vários códigos e leis tributárias, designadamente do Código de Processo Tributário, aprovado pelo artigo 1.º do Decreto--Lei n.º 154/91, de 23 de Abril.

Na verdade, aquela lei chamou a si a regulamentação directa de aspectos essenciais da relação jurídico-tributária e do próprio procedimento tributário, que constavam até então do Código de Processo Tributário e de outras leis tributárias. Impõe-se agora a modificação da sistematização e disciplina deste Código, que ficará essencialmente a ser um código de processo judicial tributário e das execuções fiscais, sem prejuízo de complementar a regulamentação do procedimento tributário efectuada pela lei geral tributária, o que é feito no título II.

2 – A reforma do Código de Processo Civil efectuada pelos Decretos-Leis n.ºs 329-A/95, de 12 de Dezembro, e 180/96, de 25 de Setembro, impõe também a harmonização com as suas disposições do Código de Processo Tributário.

O processo tributário é processo especial, mas a evolução do processo civil não podia deixar de reflectir-se na evolução do processo tributário, que não é qualquer realidade estática nem enclave autónomo do direito processual comum.

3 – As modificações agora introduzidas no Código de Processo Tributário (agora definido, de acordo com a nova terminologia da lei geral tributária, como sendo também código do procedimento tributário) visam também objectivos gerais de simplicidade e eficácia.

Simplicidade e eficácia não são, no entanto, incompatíveis com os direitos e garantias dos contribuintes. Pelo contrário, sem eficácia e simplicidade do procedimento e processo, esses direitos e garantias não passarão de proclamações retóricas, sem conteúdo efectivo. Pretende-se que a regulamentação do procedimento e processo tributários assegure não só a certeza, como a celeridade na declaração e realização dos direitos tributários, que é condição essencial de uma melhor justiça fiscal.

O presente Código de Procedimento e de Processo Tributário não se aplica apenas aos impostos administrados tradicionalmente pela Direcção-Geral dos Impostos (DGCI). Fica também claro que se aplica ao exercício dos direitos tributários em geral, quer pela DGCI, quer por outras entidades públicas, designadamente a Direcção-Geral das Alfândegas e dos Impostos Especiais sobre o Consumo (DGAIEC), quer inclusivamente por administrações tributárias não dependentes do Ministério das Finanças. Foram eliminadas todas as referências ao Código de Processo Tributário que inviabilizavam ou dificultavam a sua aplicação por parte das referidas entidades, sem prejuízo de se salvaguardar o disposto no direito comunitário ou em lei especial que pontualmente aponte para soluções diferentes das consagradas no presente Código. Paralelamente, introduziram-se no Regulamento das Custas dos Processos Tributários, aprovado pelo artigo 1.º do Decreto-Lei n.º 29/98, de 11 de Fevereiro, as adaptações destinadas a viabilizar a sua efectiva aplicação aos processos aduaneiros.

4 – A opção por novas sistematização e ordenação das disposições que integravam o Código de Processo Tributário resulta da amplitude das modificações exigidas pela lei geral tributária e pela reforma do Código de Processo Civil. É o resultado, no entanto, de meras opções de técnica legislativa, não representando qualquer alteração substancial do actual quadro das relações Fisco-contribuinte, que é considerado equilibrado, e mantendo-se rigorosamente no âmbito da autorização legislativa concedida pelo n.º 1 do artigo 51.º da Lei n.º 87-B/98, de 31 de Dezembro.

5 – O título I do presente Código mantém, na medida do possível, a estrutura do título I do Código de Processo Tributário, expurgada das matérias substantivas, incluindo as normas sobre responsabilidade tributária, que passaram entretanto a constar da lei geral tributária.

Assinalam-se em especial nesse título a adaptação das normas sobre a personalidade e capacidade tributárias, prazos e notificações às alterações do Código de Processo Civil e à lei geral tributária e a definição de um quadro claro de resolução de conflitos de competências, incluindo entre administrações tributárias diferentes.

6 – No título II registam-se a adaptação das normas de procedimento tributário que não foram incluídas na lei geral tributária aos princípios e disposições desta, a consagração do princípio do duplo grau de decisão

no procedimento tributário, que é uma garantia da sua celeridade e eficácia, a possibilidade de, em caso de erro na forma de procedimento, este ser convolado na forma adequada, o desenvolvimento dos deveres de informação dos contribuintes previstos na lei geral tributária, a regulamentação de subprocedimentos de especial importância, como os da declaração de abuso de direito ou de elisão de presunções legais, e a simplificação do processo de decisão das reclamações. São igualmente integradas no Código as normas de natureza procedimental do Estatuto dos Benefícios Fiscais que não devam caber na lei geral tributária.

7 – No processo judicial tributário, que integra o título III, anotam-se especialmente, além da simplificação do processo de decisão, incluindo na fase da preparação do processo pela administração tributária, a regulamentação, pela primeira vez, da impugnação das providências cautelares adoptadas pela administração tributária e da possibilidade de reacção dos contribuintes contra omissões lesivas da administração tributária, dando-se assim consagração a inovações da última revisão constitucional obviamente acolhidas pela lei geral tributária.

8 – Na execução fiscal, que integra o título IV, avulta essencialmente a sua adequação ao modelo do novo processo civil, acentuando-se a ideia de uma execução não universal, mas simultaneamente ampliando-se as garantias do executado e de terceiros, sem prejuízo das necessárias eficácia e celeridade do processo.

9 – No título V regressa-se ao modelo do Código de Processo das Contribuições e Impostos, reconhecido como mais adequado, da autonomização da matéria dos recursos jurisdicionais e esclarecem-se algumas das soluções legislativas do Código de Processo Tributário à luz da experiência concreta da sua aplicação. Procede-se também, de acordo com o balanço feito da aplicação do Código de Processo Tributário, a uma simplificação e harmonização do sistema de recursos.

10 – Finalmente, a aprovação do presente Código insere-se na linha da Resolução do Conselho de Ministros n.º 119/97, de 14 de Julho, na medida em que reforça e aperfeiçoa o sistema de garantias dos contribuintes e imprime maior eficácia e celeridade à justiça tributária.

Foi ouvida a Associação Nacional de Municípios Portugueses.

Assim:

No uso da autorização legislativa concedida pelos n.º 1 e 6 do artigo 51.º da Lei n.º 87-B/98, de 31 de Dezembro, e nos termos das alíneas a) e b) do n.º 1 do artigo 198.º da Constituição, o Governo decreta, para valer como lei geral da República, o seguinte:

ARTIGO 1.º
Aprovação

É aprovado o Código de Procedimento e de Processo Tributário, que faz parte integrante do presente decreto-lei.

ARTIGO 2.º
Revogação

1 – É revogado a partir da entrada em vigor do Código de Procedimento e de Processo Tributário o Código de Processo Tributário, aprovado pelo artigo 1.º do Decreto-Lei n.º 154/91, de 23 de Abril, bem como toda a legislação contrária ao Código aprovado pelo presente decreto-lei, sem prejuízo das disposições que este expressamente mantenha em vigor.

2 – Ficam também revogados a partir da entrada em vigor do presente Código os artigos 14.º a 17.º do Estatuto dos Benefícios Fiscais, aprovado pelo artigo 1.º do Decreto-Lei n.º 215/89, de 1 de Julho.

ARTIGO 3.º
Continuação em vigor

1 – Até à revisão do Regime Jurídico das Infracções Fiscais não Aduaneiras, aprovado pelo artigo 1.º do Decreto-Lei n.º 20-A/90, de 15 de Janeiro, continuarão em vigor os artigos 25.º a 30.º, 35.º, 36.º e 180.º a 232.º do Código de Processo Tributário.

2 – Manter-se-á em vigor o disposto nos n.os 1 e 2 do artigo 49.º do Código de Processo Tributário, na parte relativa à contagem do prazo de interposição do recurso das decisões de aplicação das coimas.

ARTIGO 4.º
Entrada em vigor

O Código de Procedimento e de Processo Tributário entra em vigor a 1 de Janeiro de 2000 e só se aplica aos procedimentos iniciados e aos processos instaurados a partir dessa data.

Artigo 5.º
Unidade de conta

Para efeitos do código aprovado pelo presente decreto-lei, considera-se unidade de conta a unidade de conta processual a que se referem os n.os 5 e 6 do Decreto-Lei n.º 212/89, de 30 de Junho.

Artigo 6.º
Disposições especiais

1 – Consideram-se órgãos periféricos locais, para efeitos do código aprovado pelo presente decreto-lei, as repartições de finanças e tesourarias da Fazenda Pública da Direcção-Geral dos Impostos (DGCI) e as alfândegas, delegações aduaneiras e postos aduaneiros da Direcção-Geral das Alfândegas e dos Impostos Especiais sobre o Consumo (DGAIEC).

2 – Na execução fiscal consideram-se órgãos periféricos locais as repartições de finanças ou quaisquer outros órgãos da administração tributária a quem lei especial atribua as competências destas no processo.

3 – Consideram-se órgãos periféricos regionais, para efeitos do código aprovado pelo presente decreto-lei, as direcções de finanças da DGCI e as alfândegas da DGAIEC de que dependam os postos aduaneiros ou delegações aduaneiras, sempre que estejam em causa actos por estes praticados.

4 – Nos tributos, incluindo parafiscais, não administrados pelas entidades referidas nos n.º1 e 3, consideram-se órgãos periféricos locais os territorialmente competentes para a sua liquidação e cobrança e órgãos periféricos regionais os imediatamente superiores.

Artigo 7.º
Tributos administrados por autarquias locais

1 – As competências atribuídas no código aprovado pelo presente decreto-lei a órgãos periféricos locais serão exercidas, nos termos da lei, em caso de tributos administrados por autarquias locais, pela respectiva autarquia.

2 – As competências atribuídas no código aprovado pelo presente decreto-lei ao dirigente máximo do serviço ou a órgãos executivos da administração tributária serão exercidas, nos termos da lei, pelo presidente da autarquia.

3 – As competências atribuídas pelo código aprovado pelo presente decreto-lei ao representante da Fazenda Pública serão exercidas, nos termos da lei, por licenciado em Direito desempenhando funções de mero apoio jurídico.

Artigo 8.º
Constituição de fundo

Será constituído na DGAIEC, no prazo de 180 dias a contar da entrada em vigor do presente decreto-lei, um fundo da mesma natureza e fins do previsto para a DGCI no artigo 3.º do Decreto-Lei n.º 29/98, de 11 de Fevereiro.

Artigo 9.º
Processos aduaneiros

1 – O artigo 24.º do Regulamento das Custas dos Processos Tributários, aprovado pelo artigo 1.º do Decreto-Lei n.º 29/98, passa a ter a seguinte redacção:

«Artigo 24.º
Processos aduaneiros

O presente Regulamento aplica-se aos processos aduaneiros, com as seguintes adaptações:

a) Consideram-se feitas à Direcção-Geral das Alfândegas e dos Impostos Especiais sobre o Consumo (DGAIEC) as referências efectuadas à DGCI;
b) Consideram-se feitas às alfândegas, delegações e postos aduaneiros da DGAIEC as referências feitas às repartições de finanças;
c) Consideram-se feitas às alfândegas de que dependam os postos aduaneiros ou delegações aduaneiras as referências efectuadas às direcções de finanças.»

2 – Quando estiverem em causa receitas administradas pela DGAIEC, consideram-se feitas a esta as referências efectuadas à DGCI nos artigos 3.º e 4.º do decreto-lei referido no n.º 1.

Artigo 10.º
Remissões

Consideram-se feitas para as disposições correspondentes do Código de Procedimento e de Processo Tributário todas as remissões efectuadas nos códigos e leis tributárias, bem como em legislação avulsa, para o Código de Processo Tributário.

Visto e aprovado em Conselho de Ministros de 18 de Agosto de 1999. – *António Manuel de Oliveira Guterres – António Luciano Pacheco de Sousa Franco – João Cardona Gomes Cravinho – José Manuel de Matos Fernandes.*

Promulgado em 24 de Setembro de 1999.

Publique-se.

O Presidente da República, JORGE SAMPAIO.

Referendado em 13 de Outubro de 1999.

O Primeiro-Ministro, *António Manuel de Oliveira Guterres.*

CÓDIGO DE PROCEDIMENTO E DE PROCESSO TRIBUTÁRIO

CÓDIGO DE PROCEDIMENTO E DE PROCESSO TRIBUTÁRIO

TÍTULO I
DISPOSIÇÕES GERAIS

CAPÍTULO I
Âmbito e direito subsidiário

Artigo 1.º
Âmbito

O presente Código aplica-se, sem prejuízo do disposto no direito comunitário, noutras normas de direito internacional que vigorem directamente na ordem interna, na lei geral tributária ou em legislação especial, incluindo as normas que regulam a liquidação e cobrança dos tributos parafiscais:

a) Ao procedimento tributário;
b) Ao processo judicial tributário;
c) À cobrança coerciva das dívidas exigíveis em processo de execução fiscal;
d) Aos recursos jurisdicionais.

I. Cfr. artigo 1.º do CPA; artigo 2.º do CPTA; artigo 1.º da LGT; artigo 4.º do ETAF.

Artigo 2.º
Direito subsidiário

São de aplicação supletiva ao procedimento e processo judicial tributário, de acordo com a natureza dos casos omissos:

a) As normas de natureza procedimental ou processual dos códigos e demais leis tributárias;
b) As normas sobre a organização e funcionamento da administração tributária;
c) As normas sobre organização e processo nos tribunais administrativos e tributários;

d) O Código do Procedimento Administrativo;
e) O Código de Processo Civil.

I. Cfr. artigo 189.º do CPA; artigo 1.º, 2.ª parte do CPTA; artigo 2.º da LGT; artigo 7.º do ETAF.

CAPÍTULO II
Dos sujeitos procedimentais e processuais

SECÇÃO I
Da personalidade e da capacidade tributárias

Artigo 3.º
Personalidade e capacidade tributárias

1 – A personalidade judiciária tributária resulta da personalidade tributária.

2 – A capacidade judiciária e para o exercício de quaisquer direitos no procedimento tributário tem por base e por medida a capacidade de exercício dos direitos tributários.

3 – Os incapazes só podem estar em juízo e no procedimento por intermédio dos seus representantes, ou autorizados pelo seu curador, excepto quanto aos actos que possam exercer pessoal e livremente.

I. Cfr. artigo 52.º do CPA; artigos 15.º e 16.º da LGT.

Artigo 4.º
Intervenção das sucursais

As sucursais, agências, delegações ou representações podem intervir, no procedimento ou no processo judicial tributário, mediante autorização expressa da administração principal, quando o facto tributário lhes respeitar.

Artigo 5.º
Mandato tributário

1 – Os interessados ou seus representantes legais podem conferir mandato, sob a forma prevista na lei, para a prática de actos de natureza procedimental ou processual tributária que não tenham carácter pessoal.

2 – O mandato tributário só pode ser exercido, nos termos da lei, por advogados, advogados estagiários e solicitadores quando se suscitem ou discutam questões de direito perante a administração tributária em quaisquer petições, reclamações ou recursos.

3 – A revogação do mandato tributário só produz efeitos para com a administração tributária quando lhe for notificada.

I. Este preceito encontra correspondência no artigo 52.º do CPA, no que respeita à prática de actos procedimentais.

ARTIGO 6.º
Mandato judicial

1 – É obrigatória a constituição de advogado nas causas judiciais cujo valor exceda o décuplo da alçada do tribunal tributário de 1.ª instância, bem como nos processos da competência do Tribunal Central Administrativo e do Supremo Tribunal Administrativo.

2 – No caso de não intervir mandatário judicial, a assinatura do interessado será acompanhada da indicação, feita pelo signatário, do número, data e entidade emitente do respectivo bilhete de identidade ou documento equivalente emitido por autoridade competente de um dos países da União Europeia ou do passaporte, confrontada com o respectivo documento de identificação.

3 – Quando o interessado não souber ou não puder escrever, será admitida a assinatura a rogo, identificando-se o rogado através do bilhete de identidade ou documento equivalente.

I. Estabelece-se neste preceito a obrigatoriedade de constituição de advogado apenas nas causas cujo valor exceda dez vezes a alçada do tribunal tributário de 1.ª instância – que, nos termos do artigo 6.º, n.º 2 do ETAF, e do artigo 280.º, n.º 4, deste código, corresponde a um quarto da alçada dos tribunais judiciais de 1.ª instância. Assim, e uma vez que a alçada dos tribunais judiciais de 1.ª instância corresponde, actualmente, a € 3740,98[4], a alçada dos tribunais tributários de 1.ª instância será de € 935,245, sendo obrigatória a constituição de advogado para causas cujo valor exceda os € 9352,45.

---

[4] À luz do artigo 24.º da Lei de Organização e Funcionamento dos Tribunais Judiciais, Lei n.º 3/99, de 13 de Janeiro, tal como alterada (pela quarta vez) e republicada pela Lei n.º 105/2003, de 10 de Dezembro.

II. De igual forma, é obrigatória a constituição de advogado nos processos da competência do TCA e do STA. Desta forma, dispõe sobre competência da secção de contencioso tributário, o artigo 38.º do ETAF, estabelecendo:

"Compete à secção de contencioso tributário de cada Tribunal Central Administrativo conhecer:

a) Dos recursos de decisões dos tribunais tributários, salvo o disposto na alínea b) do artigo 26;
b) Dos recursos de actos administrativos respeitantes a questões fiscais praticados por membros do Governo;
c) Dos pedidos de declaração de ilegalidade de normas administrativas de âmbito nacional, emitidas em matéria fiscal;
d) Dos pedidos de adopção de providências cautelares relativos a processos de sua competência;
e) Dos pedidos de execução das suas decisões;
f) Dos pedidos de produção antecipada de prova formulados em processo nela pendente;
g) Dos demais meios processuais que por lei sejam submetidos ao seu julgamento".

Quanto à competência do STA em matéria tributária, dispõe o artigo 26.º (*competência da secção de contencioso tributário*)[5]:

"Compete à secção de contencioso tributário do Supremo Tribunal Administrativo conhecer:

a) Dos recursos dos acórdãos da Secção de Contencioso Tributário dos Tribunais Centrais Administrativos, proferidos em primeiro grau de jurisdição;

---

[5] Sobre esta matéria dispõe ainda o artigo 27.º (*"competência do pleno da secção"*), que estabelece:

"1 – Compete ao pleno da Secção de Contencioso Tributário do Supremo Tribunal Administrativo conhecer:

a) Dos recursos de acórdãos proferidos pela Secção em 1.º grau de jurisdição;
b) Dos recursos para uniformização de jurisprudência.

2 – Compete ainda ao pleno da Secção de Contencioso Tributário do Supremo Tribunal Administrativo pronunciar-se, nos termos estabelecidos na lei de processo, relativamente ao sentido em que deve ser resolvida, por um tribunal tributário, questão de direito nova que suscite dificuldades sérias e se possa vir a colocar noutros litígios".

E, por fim, o artigo 30.º, que estabelece a competência do plenário do STA, estatuindo:

"Compete ao plenário do Supremo Tribunal Administrativo conhecer dos conflitos de jurisdição entre tribunais administrativos de círculo e tribunais tributários ou entre secções de contencioso administrativo e tributário".

b) *Dos recursos interpostos de decisões dos tribunais tributários com exclusivo fundamento em matéria de direito;*
c) *Dos recursos de actos administrativos do Conselho de Ministros respeitantes a questões fiscais;*
d) *Dos requerimentos de adopção de providências cautelares respeitantes a processos da sua competência;*
e) *Dos pedidos relativos à execução das suas decisões;*
f) *Dos pedidos de produção antecipada de prova, formulados em processo nela pendente;*
g) *Dos conflitos de competência entre tribunais tributários;*
h) *De outras matérias que lhe sejam deferidas por lei".*

III. Por seu turno, o CPTA estabelece, no artigo 11.º, a obrigatoriedade de constituição de advogado nos processos da competência dos tribunais administrativos.

Não se compreende a razão desta dissonância. De igual forma, não se compreende o porquê do estabelecimento legal de alçadas díspares para as primeiras instâncias tributária e administrativa, correspondendo a alçada dos tribunais administrativos de círculo a € 3740, 98 (pois corresponde, segundo o n.º 2 do artigo 6.º do ETAF à alçada estabelecida para os tribunais judiciais de primeira instância). Maior perplexidade comporta esta comparação se atendermos ao facto de que o contencioso tributário se traduz num conjunto de normas de especial complexidade e densidade, podendo, por isso, a não obrigatoriedade de constituição de advogado em causas de valor inferior a € 9352,45 importar uma menor tutela da posição jurídica do contribuinte, incapaz, por exemplo, de identificar todos os vícios que inquinem um acto.

Lopes de Sousa sugere que *"a dispensa de intervenção de advogado, para não se traduzir num presente perverso que é concedido aos particulares, deveria ser acompanhada de uma ampliação dos poderes de cognição do tribunal, abolindo a limitação de julgamento pelas causas de pedir invocadas, importada do processo civil, que continua a ser implicitamente adoptada no artigo 99.º, n.º 1, da LGT, e no artigo 13.º, n.º 1, do CPPT ao fazerem referência ao conhecimento da verdade, pelo tribunal, «relativamente aos factos alegados ou de que oficiosamente pode conhecer» e aos «factos que lhe seja lícito conhecer»"*[6]. Julgamos que quer este artigo 6.º, quer o artigo 13.º, deveriam conhecer alterações no sentido de, o primeiro, introduzir a obrigatoriedade de constituição de advogado num número maior de causas de competência dos tribunais tributários e, o segundo, de compatibilizar o elenco de poderes do juiz tributário com o elenco de poderes dos tribunais administrativos, enunciado no artigo 3.º do CPTA, e concretizado por um conjunto de importantes preceitos (*vide* anotação ao artigo 13.º deste código).

---

[6] *Código de Procedimento e de Processo Tributário Anotado*, 4.ª Edição, 2003, Vislis, pág. 68.

IV. Num momento prévio à entrada em vigor do CPTA, e quando os interesses em causa não fossem susceptíveis de quantificação, seria aplicável o artigo 312.º do CPC. No entanto, e ainda que o artigo 2.º deste código não estabeleça uma hierarquia de normas de aplicação subsidiária, antes chama a natureza do caso omisso a mediar esta *selecção*, a norma a aplicar a título subsidiário será, a nosso ver, o artigo 34.º, n.º 2, do CPTA. Pese embora este preceito, ao estatuir que "*quando o valor da causa seja indeterminável, considera-se superior ao da alçada do Tribunal Central Administrativo*", não divirja substancialmente da referida norma do CPC.

Artigo 7.º
Curador especial ou provisório

1 – Em caso de, no procedimento tributário, se apurar a inexistência de designação de um representante legal do incapaz e sem prejuízo dos poderes legalmente atribuídos ao Ministério Público, deve a entidade legalmente incumbida da sua direcção requerer de imediato a sua nomeação ao tribunal competente e, em caso de urgência, proceder simultaneamente à nomeação de um curador provisório que o represente até à nomeação do representante legal.

2 – O disposto no número anterior aplica-se às pessoas singulares que, por anomalia psíquica ou qualquer outro motivo grave, se mostre estarem impossibilitadas de receber as notificações ou citações promovidas pela administração tributária ou ausentes em parte incerta sem representante legal ou procurador.

3 – O curador a que se refere o presente artigo tem direito ao reembolso pelo representado das despesas que comprovadamente haja efectuado no exercício das suas funções.

Artigo 8.º
Representação das entidades desprovidas de personalidade jurídica mas que disponham de personalidade tributária e das sociedades ou pessoas colectivas sem representante conhecido

1 – As entidades desprovidas de personalidade jurídica mas que disponham de personalidade tributária são representadas pelas pessoas que, legalmente ou de facto, efectivamente as administrem.

2 – Aplica-se o disposto no n.º 1 do artigo anterior, com as adaptações necessárias, se as pessoas colectivas ou entes legalmente equiparados não dispuserem de quem as represente.

[Epígrafe alterada pelo artigo 10.º do Decreto-Lei n.º 160/2003, de 19 de Julho, que procedeu "à *harmonização dos códigos tributários, outras normas tributárias constantes de diplomas avulsos, a Lei Geral Tributária e o Código de Procedimento e de Processo Tributário*"]

SECÇÃO II
Da legitimidade

Artigo 9.º
Legitimidade

1 – Têm legitimidade no procedimento tributário, além da administração tributária, os contribuintes, incluindo substitutos e responsáveis, outros obrigados tributários, as partes dos contratos fiscais e quaisquer outras pessoas que provem interesse legalmente protegido.

2 – A legitimidade dos responsáveis solidários resulta da exigência em relação a eles do cumprimento da obrigação tributária ou de quaisquer deveres tributários, ainda que em conjunto com o devedor principal.

3 – A legitimidade dos responsáveis subsidiários resulta de ter sido contra eles ordenada a reversão da execução fiscal ou requerida qualquer providência cautelar de garantia dos créditos tributários.

4 – Têm legitimidade no processo judicial tributário, além das entidades referidas nos números anteriores, o Ministério Público e o representante da Fazenda Pública.

I. Cfr. artigo 53.º do CPA; artigos 9.º e 10.º do CPTA; artigo 65.º da LGT.

SECÇÃO III
Da competência

Artigo 10.º
Competências da administração tributária

1 – Aos serviços da administração tributária cabe:

a) Liquidar e cobrar ou colaborar na cobrança dos tributos, nos termos das leis tributárias;

b) Proceder à revisão oficiosa dos actos tributários;

c) Decidir as petições e reclamações e pronunciar-se sobre os recursos hierárquicos apresentados pelos contribuintes;
d) Reconhecer isenções ou outros benefícios fiscais e praticar, nos casos previstos na lei, outros actos administrativos em matéria tributária;
e) Receber e enviar ao tribunal tributário competente as petições iniciais nos processos de impugnação judicial que neles sejam entregues e dar cumprimento ao disposto nos artigos 111.º e 112.º;
f) Instaurar os processos de execução fiscal e realizar os actos a estes respeitantes, salvo os previstos no n.º 1 do artigo 151.º do presente Código;
g) Cobrar as custas dos processos e dar-lhes o destino legal;
h) Efectuar as diligências que lhes sejam ordenadas ou solicitadas pelos tribunais tributários;
i) Cumprir deprecadas;
j) Realizar os demais actos que lhes sejam cometidos na lei.

2 – Sem prejuízo do disposto na lei, designadamente quanto aos procedimentos relativos a tributos parafiscais, serão competentes para o procedimento os órgãos periféricos locais da administração tributária do domicílio ou sede do contribuinte, da situação dos bens ou da liquidação.

3 – Se a administração tributária não dispuser de órgãos periféricos locais, serão competentes os órgãos periféricos regionais da administração tributária do domicílio ou sede do contribuinte, da situação dos bens ou da liquidação.

4 – Se a administração tributária não dispuser de órgãos periféricos regionais, as competências atribuídas pelo presente Código a esses órgãos serão exercidas pelo dirigente máximo do serviço ou por aquele em quem ele delegar essa competência.

5 – Salvo disposição expressa em contrário, a competência do serviço determina-se no início do procedimento, sendo irrelevantes as alterações posteriores.

[Redacção dada pela Lei n.º 15/2001, de 5 de Junho, que *"Reforça as garantias do contribuinte e a simplificação processual, reformula a organização judiciária tributária e estabelece um novo regime geral para as infracções tributárias"*]

I. Cfr. artigo 13.º do CPA; artigo 61.º da LGT.

Artigo 11.º
Conflitos de competência

1 – Os conflitos positivos ou negativos de competência entre diferentes serviços do mesmo órgão da administração tributária são resolvidos pelo seu dirigente máximo.

2 – Os conflitos positivos ou negativos de competência entre órgãos da administração tributária pertencentes ao mesmo ministério são resolvidos pelo ministro respectivo.

3 – Os conflitos positivos ou negativos de competência entre órgãos da administração tributária pertencentes a ministérios diferentes são resolvidos pelo Primeiro-Ministro.

4 – Os conflitos positivos ou negativos da competência entre órgãos da administração tributária do governo central, dos governos regionais e das autarquias locais são resolvidos, nos termos do presente Código, pelos tribunais tributários.

5 – São resolvidos oficiosamente os conflitos de competência dentro do mesmo ministério, devendo os órgãos que os suscitarem solicitar a sua resolução à entidade competente no prazo de 8 dias.

6 – Salvo disposição em contrário, o interessado deve requerer a resolução do conflito de competência no prazo de 30 dias após a notificação da decisão ou do conhecimento desta.

I. Cfr. artigos 42.º e 43.º do CPA; artigo 61.º da LGT; artigo 5.º do ETAF.

Artigo 12.º
Competência dos tribunais tributários

1 – Os processos da competência dos tribunais tributários são julgados em 1.ª instância pelo tribunal da área do serviço periférico local onde se praticou o acto objecto da impugnação ou onde deva instaurar-se a execução.

2 – No caso de actos tributários ou em matéria tributária praticados por outros serviços da administração tributária, julgará em 1.ª instância o tribunal da área do domicílio ou sede do contribuinte, da situação dos bens ou da transmissão.

I. Cfr. artigos 13.º a 22.º do CPA; artigo 49.º do ETAF.

ARTIGO 13.º
Poderes do juiz

1 – Aos juízes dos tribunais tributários incumbe a direcção e julgamento dos processos da sua jurisdição, devendo realizar ou ordenar todas as diligências que considerem úteis ao apuramento da verdade relativamente aos factos que lhes seja lícito conhecer.

2 – As autoridades e repartições públicas são obrigadas a prestar as informações que o juiz entender necessárias ao bom andamento dos processos.

I. Consagram-se aqui dois princípios basilares do processo tributário: o princípio da oficialidade e o princípio do inquisitório.

Na senda do disposto no artigo 99.º, n.º 1 da LGT, a jurisprudência tem entendido que os poderes de cognição do tribunal limitam-se aos factos alegados, ou de conhecimento oficioso, quando a lei o permita, na medida em que a actividade inquisitória dos tribunais deve restringir-se *"aos factos que lhes seja lícito conhecer"*. Caso o juiz expanda os seus poderes de cognição para além do princípio do dispositivo, pronunciando-se em sede de sentença sobre *"questões que não deva conhecer"*, esta será nula, à luz do artigo 125.º deste código.

Esta linha de orientação funda-se no direito processual civil, que consagra o princípio do dispositivo nos artigos 264.º e 664.º, só podendo o tribunal fundamentar a sua decisão nos factos alegados. No entanto, se esta solução encontra justificação no âmbito do direito processual civil, onde as partes dispõem do processo, talvez assim já não seja no contexto do processo tributário. Aqui, as partes *não dispõem*, em igual medida, do processo. Um conjunto significativo de diferenças na posição jurídico-processual do contribuinte face à Administração Tributária, à Fazenda Pública e ao Ministério Público, afastam o contencioso tributário do dispositivo, tal como o processo civil concebe este princípio (*vide* anotação aos artigos 14.º e 15.º).

A este propósito, salienta Saldanha Sanches que, *"como estamos perante um litígio de direito público vamos ter uma ordem processual sujeita a alguns dos princípios que estruturam o direito processual penal: são nomeadamente aplicáveis no processo fiscal princípios como o da investigação e o da oficiosidade. Dando ao juiz um papel mais activo do que aquele que pode ter no processo civil ainda estruturado de acordo com o princípio do dispositivo"*, sublinhando, justamente, o autor que o que *"não podemos ter em caso algum é um processo estruturado com base nos princípios orientadores do processo civil: o contencioso tributário não pode ser concebido como um processo de partes..."*[7]

---

[7] "Processo Fiscal", *Dicionário Jurídico da Administração Pública*, 1.º Suplemento, Lisboa, 1998, pág. 399.

II. No âmbito do processo administrativo, os artigos 90.º, n.º 1 e 2 e 95.º, n.º 2, do CPTA dão expressão a uma nova perspectiva sobre o princípio da limitação do juiz pela causa de pedir, ou seja, do princípio do dispositivo.

Estabelece o primeiro preceito, em sede de instrução do processo:

"1 – No caso de não poder conhecer do mérito da causa no despacho saneador, o juiz ou relator pode ordenar as diligências de prova que considere necessárias para o apuramento da verdade.

2 – O juiz ou relator pode indeferir, mediante despacho fundamentado, requerimentos dirigidos à produção de prova sobre certos factos ou recusar a utilização de certos meios de prova quando o considere claramente desnecessário, sendo, quanto ao mais, aplicável o disposto na lei processual civil no que se refere à produção de prova".

Por seu turno, o n.º 2, do artigo 95.º estatui, quanto ao objecto e limites da decisão:

"2 – Nos processos impugnatórios, o tribunal deve pronunciar-se sobre todas as causas de invalidade que tenham sido invocadas contra o acto impugnado, excepto quando não possa dispor dos elementos indispensáveis para o efeito, assim como deve identificar a existência de causas de invalidade diversas das que tenham sido alegadas, ouvidas as partes para alegações complementares pelo prazo comum de 10 dias, quando o exija o respeito pelo princípio do contraditório".

Trata-se, como admitia já Vieira de Andrade antes da reforma do contencioso administrativo, de uma extensão do poder de identificar causas de invalidade não invocadas pelo recorrente, até agora apenas reconhecido as Ministério Público (cfr. *A Justiça Administrativa*, 3.ª edição, Almedina, 2000, pág. 253-256).

Neste sentido, entende Mário Aroso de Almeida que *"todas as possíveis causas de invalidade de que padeça o acto impugnado integram a mesma causa de pedir (invalidade do acto), pelo que a identificação, pelo tribunal, de qualquer delas não o afasta do objecto do processo – com o consequente alargamento dos poderes inquisitórios que o artigo 90.º, n.º 1, confere ao juiz, uma vez que a procura da verdade material pelo juiz só tem como fronteira os limites do processo"*[8].

Esta construção unitária da pretensão anulatória que o particular deduz no processo dirigido contra um acto administrativo, comportando todas as causas invalidantes que o possam inquinar, *"sem que a identificação em juízo de qualquer delas envolva, por isso, uma ampliação do objecto do processo"*[9], acarreta

---

[8] *O Novo Regime do Processo nos Tribunais Administrativos*, 2.ª Edição, revista e actualizada, Almedina, 2003, pág. 181.

[9] Idem.., pág. 185.

consequências em termos de configuração dos poderes cognitivos do juiz, da amplitude dos efeitos de caso julgado da sentença e do ónus, que recai sobre o impugnante, de trazer ao processo todos os vícios de que tenha conhecimento superveniente, pela dedução de tais factos em novo articulado (cfr. artigo 86.º, do CPTA).

III. Reportando-nos ao contencioso tributário, e uma vez que o recurso contencioso para cuja tramitação o CPPT, em dados momentos, remete, dilui-se na acção administrativa especial, o legislador deverá aproveitar este momento para estabelecer balizas concretas e um ponto de equilíbrio entre os enunciados princípios do inquisitório e da oficialidade e o princípio da limitação do juiz pela causa de pedir, clarificando a extensão dos poderes cognitivos do juiz tributário – à luz da autorização legislativa incíta na Lei do Orçamento do Estado para 2004, extraindo consequências do regime contemplado no CPTA.

ARTIGO 14.º
Competências do Ministério Público

1 – Cabe ao Ministério Público a defesa da legalidade, a promoção do interesse público e a representação dos ausentes, incertos e incapazes.

2 – O Ministério Público será sempre ouvido nos processos judiciais antes de ser proferida a decisão final, nos termos deste Código.

I. Desde a reforma da justiça tributária de 1963, que o Ministério Público surge associado à defesa da legalidade e do interesse público. Com a entrada em vigor do Código de Processo das Contribuições e Impostos (CPCI, aprovado pelo Decreto-Lei n.º 45 005, de 27 de Abril de 1963), o papel do Ministério Público das Contribuições e Impostos ultrapassou a indefinição do regime do Decreto n.º 16 733 (que, no seguimento da reforma de 1929 reestruturou o contencioso tributário), atribuindo-lhe o artigo 12.º, alínea b), do CPCI legitimidade para intervir como parte nos processos das contribuições e impostos.

O regime da Organização dos Serviços de Justiça Fiscal (OSJF, aprovado pelo Decreto n.º 45 006, de 7 de Abril de 1963) – compreendendo "*a composição e funcionamento dos tribunais de 2.ª e 1.ª instâncias das contribuições e impostos e do Ministério Público junto dos mesmos tribunais e serviços administrativos da acção fiscal*", nos termos do artigo 1.º – definiu o Ministério Público das Contribuições e Impostos como "*o órgão promotor da acção de justiça fiscal e verificador do cumprimento das leis tributárias*" (artigo 48.º), "*responsável e hierarquicamente dependente do Ministro das Finanças, sob a*

directa chefia do director-geral das Contribuições e Impostos" (artigo 50.°).
Determinou, também, a forma de exercício da sua acção: "*a) intervenção obrigatória, como parte principal, junto dos tribunais das contribuições e impostos, em todos os processos da competência destes; b) intervenção directa, junto dos serviços de administração fiscal, na instrução preparatória dos processos de transgressão fiscal, de impugnação dos actos tributários e de execução fiscal, nos termos da respectiva lei de processo; c) fiscalização do cumprimento das obrigações tributárias junto das fontes do imposto; d) esclarecimento das dúvidas do contribuinte sobre o verdadeiro objecto e conteúdo dos preceitos legais tributários*" (artigo 49.°).

Sobre esta função dupla de defesa da Administração e de fiscalização do cumprimento das leis no quadro de uma magistratura de funcionários hierarquizados e dependentes, propunha Soares Martinez a "*separação de funções do Ministério Público e de representação da Fazenda Nacional, aquelas de natureza essencialmente jurídica, de fiscalização objectiva do cumprimento das normas legais, e estas de índole subjectiva, respeitante à defesa dos interesses fiscais do Estado na sua qualidade de sujeito activo de relações jurídico-tributárias*"[10].

Tese que viria a colher em 1984, com a entrada em vigor do Estatuto dos Tribunais Administrativos e Fiscais (o ETAF, aprovado pelo Decreto-Lei n.° 129 /84, de 27 de Abril), na senda da constitucionalização do contencioso administrativo e tributário. O artigo 69.°, n.° 1, incumbiu o Ministério Público da defesa da legalidade e promoção da realização do interesse público, enquanto que o artigo 72.° atribuiu competências à Fazenda Pública para defesa dos seus "*legítimos interesses*"[11].

O novo ETAF introduz algumas alterações à letra da lei. O artigo 51.°, dispondo sobre as funções do Ministério Público, estatui: "*compete ao Ministério Público representar o Estado, defender a legalidade democrática e promover a realização do interesse público, exercendo, para o efeito, os poderes que a lei processual lhe confere*"; e o artigo 53.°, sob a epígrafe "*Intervenção da Fazenda Pública*", dispõe que esta "*defende os seus interesses nos tribunais tributários através de representantes seus*".

Apesar das alterações, a questão de fundo mantém-se, e gravita em torno das questões que, já em 1986, Saldanha Sanches identificava: a que distância se encontram os interesses da Fazenda Pública do interesse público que o Minis-

---

[10] *Manual de Direito* Fiscal, 4.ª Reimpressão, Almedina, Coimbra, 1990, pág. 386-7.

[11] A este propósito, SALDANHA SANCHES escreveu, em 1986, que "*confrontado com a questão de saber se a tradicional estrutura do «Ministério Público das Contribuições e Impostos» se podia concertar com a constitucionalização do contencioso tributário o novo Estatuto optou pela solução ecléctica de criar, ao lado de uma nova magistratura nos tribunais fiscais constituída por delegados do Ministério Público propriamente ditos, a anterior estrutura de representação do Estado com a nova designação de «representantes da Fazenda Nacional»*" ("Interesse Público e Princípio da Legalidade Administrativa, *Revista Jurídica*, n.° 7, Julho-Setembro, 1986, nova série, pág. 145).

tério Público deve realizar? – com o princípio da legalidade a servir de *instrumento de medição*. Em bom rigor, ainda que se admita que o princípio da igualdade das partes não vale, pelo menos *in toto*, no contencioso tributário, a LGT consagra, no artigo 98.º, o princípio da igualdade de armas: *"as partes dispõem no processo tributário de iguais faculdades e meios de defesa"*.

A relação entre a Administração Tributária e o contribuinte foi perspectivada, até há pouco tempo, como uma medição de forças: o contribuinte procurando pagar o mínimo de tributos (se possível, não pagando); a Administração, na defesa de um suposto interesse fazendário na cobrança de uma grande quantidade e qualidade de tributos. E teria sido esta concepção, de acordo com a qual *"deverá ser autonomizado um interesse fazendário na maximização das receitas que deverá ter um suporte institucional próprio e que do ponto de vista processual se vai traduzir na atribuição, a um órgão para tal vocacionado, de poderes especiais destinados precisamente à tutela deste interesse particular"*[12], que o legislador partiu na edificação do ETAF de 1984.

A questão passa, desta forma, pela definição do que seja o interesse público prosseguido pelo Ministério Público, e de quais sejam os interesses da Fazenda Pública – dissonantes ou consonantes?

II. No âmbito do novo processo administrativo, a legitimidade activa e competências do Ministério Público situam-se, essencialmente, em três planos:

a) o direito de acção pública no cumprimento da sua função genérica de protecção da legalidade objectiva (cfr. artigo 51.º, do ETAF), que lhe confere legitimidade para: em sede de acção comum, e a título excepcional[13], deduzir pedidos relativos à invalidade de contratos [artigo 40.º, n.º 1, alínea *b)*, do CPTA], bem como à execução de contratos [*"quando se trate de cláusulas cujo incumprimento possa afectar um interesse público **especialmente** relevante"*, ao abrigo do disposto no artigo 40.º, n.º 2, alínea *c)*]; em sede de acção administrativa especial, para a impugnação de actos administrativos [artigo 55.º, n.º 1, alínea *b)*]; e para a impugnação de normas regulamentares (artigo 73.º, n.ºs 3 e 4).

b) a legitimidade para a defesa de valores constitucionalmente protegidos, por referência à CRP e/ou ao artigo 9.º, n.º 2 (para defesa de *interesses difusos*) – e já não para a defesa genérica da legalidade e em nome do cumprimento da lei – o que se torna notório em sede de acção administrativa comum – actuando o Ministério Público como *actor popular* – com especial ênfase para o pedido de condenação da Administração à prática de acto devido: pese embora, nos

---

[12] Idem..., pág. 145.

[13] De facto, excepção feita às acções sobre contratos, *"não está prevista, em geral, a acção pública (em defesa da legalidade) no âmbito da acção administrativa comum. Por isso, o Ministério Público só pode actuar aqui, em princípio, no âmbito da acção popular"* (VIERA DE ANDRADE, *A Justiça Administrativa (Lições)*, 5.ª Edição, Almedina, 2004, pág. 197, nota 368).

termos do artigo 68.º, n.º 1, alínea c), o CPTA reconheça ao Ministério Público legitimidade para peticionar a condenação da Administração, tal só poderá suceder "*quando o dever de praticar o acto resulte directamente da lei e esteja em causa a ofensa de direitos fundamentais, de um interesse público especialmente relevante ou de qualquer dos valores e bens referidos no n.º 2 do artigo 92.*"[14];

c) a intervenção em processos de iniciativa particular em sede de acção administrativa especial, sem reconfiguração do objecto do processo, mas conhecendo uma diminuição do escopo da participação do Ministério Público na tramitação processual. Deste modo, no âmbito da intervenção na tramitação processual, o Ministério Público "*passa a pronunciar-se sobre o mérito da causa e a solicitar a realização de diligências instrutórias até dez dias após a junção do processo instrutor aos autos, num único momento durante o processo (artigo 85.º, CPTA). A sua eventual pronúncia tem por objecto a defesa dos direitos fundamentais dos cidadãos, de interesses públicos especialmente relevantes, dos valores constantes do artigo 9.º, 2, CPTA e a identificação de vícios de inexistência ou nulidade quanto a actos que tenham sido objecto de impugnação contenciosa. O Ministério Público pode ainda prosseguir a acção, em caso de desistência do autor (artigo 62.º, CPTA)*"[15].

Radica, neste último ponto, a alteração de fundo da posição e participação do Ministério Público no processo administrativo especial, por contraposição ao papel que a LPTA, nos seus artigos 27.º, 42.º e 53.º, lhe reservava: "*os seus poderes de intervenção, processuais e sobre o mérito, foram intencionalmente diminuídos e condicionados, sobretudo com o argumento e na medida em que duplicavam a função judicial, permitem-lhe intervir apenas em defesa de determinados valores – dos direitos fundamentais, de interesses públicos especialmente relevantes ou de valores comunitários que lhe caiba defender como actor popular..*"[16].

---

[14] Circunscrevendo o direito de acção pública às situações em que o dever de praticar o acto resulte directamente da lei, o CPTA não faz, no entanto, depender tal exercício "*da prévia apresentação, por parte do Ministério Público, de um requerimento dirigido ao órgão competente para agir e do subsequente esgotamento de um prazo*" (MÁRIO AROSO DE ALMEIDA, Ob. cit., pág. 44).

[15] JOÃO TIAGO V. A. DA SILVEIRA, "A Reforma do Contencioso Administrativo", Revista Jurídica, n.º 25, Abril 2002, AAFDL, pág. 458.

[16] VIERA DE ANDRADE, ob. cit., pág. 291. Continua o autor, especificando que, na configuração dada pelo artigo 85.º, do CPTA, aos poderes de intervenção do Ministério Público no processo administrativo especial, cabe-lhe: "*a) em geral, pronunciar-se sobre o mérito da causa e solicitar a realização de diligências instrutórias; b) nos pedidos impugnatórios, apresentar novas causa de invalidade (invocação de vícios não referidos pelo impugnante). Note-se ainda que, nos processos impugnatórios, o MP pode suscitar quaisquer questões que determinem a nulidade do acto ou da norma, independentemente dos valores ou bens em causa*".

III. Cumpre, assim, retirar conclusões: uma vez que actualmente, onde se lê "recurso contencioso" deverá ler-se "acção administrativa especial", a aplicação das regras relativas à participação do Ministério Público na tramitação, relativa a processos de iniciativa particular, levanta várias dificuldades de articulação face ao modelo de intervenção previsto no CPPT para o Ministério Público, em sede de impugnação judicial. O mesmo se poderá dizer, *mutatis mutandis*, em relação às suas competências de promoção do processo ou ini-ciativa processual.

Mais do que a adaptação ao modelo do contencioso administrativo, perguntamo-nos se fará, ainda, sentido, remeter a resolução de determinados litígios entre o contribuinte e o Fisco para as regras de processo dos tribunais administrativos e para a sua acção administrativa especial, determinada pelo objecto do processo. Damos resposta a esta questão em anotação ao Capítulo II do Título III, dai se devendo extrair consequências quanto à legitimidade e competências do Ministério Público no contencioso tributário.

Artigo 15.º
Competência do representante da Fazenda Pública

1 – Compete ao representante da Fazenda Pública nos tribunais tributários:

  a) **Representar a administração tributária e, nos termos da lei, quaisquer outras entidades públicas no processo judicial tributário e no processo de execução fiscal;**
  b) **Recorrer e intervir em patrocínio da Fazenda Pública na posição de recorrente ou recorrida;**
  c) **Praticar quaisquer outros actos previstos na lei.**

2 – No exercício das suas competências, deve o representante da Fazenda Pública promover o rápido andamento dos processos, podendo requisitar às repartições públicas os elementos de que necessitar e solicitar, nos termos da lei, aos serviços da administração tributária as diligências necessárias.

3 – Quando a representação do credor tributário não for do representante da Fazenda Pública, as competências deste são exercidas pelo mandatário judicial que aquele designar.

I. Cfr. anotação ao artigo 15.º, quanto à evolução legal do quadro institucional de competências para a defesa do interesse público e dos *interesses fiscais* do Estado.

II. Nos termos do artigo 53.º do ETAF, "*a Fazenda Pública defende os seus interesses nos tribunais tributários através de representantes seus*", competindo tal representação, à luz do n.º 1 do artigo 54.º: "*a) Na Secção de Contencioso Tributário do Supremo Tribunal Administrativo, ao director-geral dos impostos e ao director-geral das alfândegas e dos Impostos Especiais sobre o Consumo, que podem ser representados pelos respectivos subdirectores-gerais ou por funcionários superiores das respectivas direcções-gerais licenciados em Direito; b) Na Secção de Contencioso Tributário dos Tribunais Centrais Administrativos, ao subdirector-geral dos impostos e ao subdirector-geral das alfândegas e dos Impostos Especiais sobre o Consumo, que podem ser representados por funcionários superiores das respectivas direcções-gerais licenciados em Direito; c) Nos tribunais tributários, aos directores de finanças e ao director da alfândega da respectiva área de jurisdição, que podem ser representados por funcionários licenciados em Direito das direcções-gerais dos impostos e das alfândegas e dos Impostos Especiais sobre o Consumo. 2 – Quando estejam em causa receitas fiscais lançadas e liquidadas pelas autarquias locais, a Fazenda Pública é representada por licenciado em Direito ou por advogado designado para o efeito pela respectiva autarquia*".

Desta forma, o representante da Fazenda Pública tem legitimidade para intervir nos processos judiciais tributários (não dispondo de tais poderes de intervenção no âmbito procedimental). Ainda assim, e atendendo ao artigo 97.º deste Código – que define a tipologia dos processos judiciais tributários – o representante da Fazenda Pública não representa a administração tributária em todos os processos. Existem, pois, regras especiais de representação.

O representante da Fazenda não têm competência para intervir: em acções para o reconhecimento de direito ou interesse legítimo em matéria tributária (cfr. artigo 145.º, n.º 4 deste Código); nos processos de recursos contenciosos de actos administrativos sobre questões fiscais ou fiscais aduaneiras que não comportem a apreciação da legalidade de actos de liquidação; nos processos (acessórios) de intimação para consulta de documentos e passagem de certidões.

Terá, por outro lado, competência para intervir: nos processos impugnatórios judicias; no processo executivo fiscal; no processo de intimação para um comportamento; nos processos (acessórios) de recurso da decisão que determine o acesso a informação bancária e de pedido de acesso a tal informação (cfr. artigos 146.º-B e 146.º-C, deste Código).

No entanto, a influência da reconfiguração contencioso-administrativa de alguns destes meios processuais, sobre a sua tramitação processual-tributária, é questão que fica, ainda, por averiguar, remetendo-se considerações sobre esta matéria para a sede própria neste CPPT anotado.

III. Ora, no âmbito do contencioso administrativo a representação da Administração Pública esteve, até agora, a cargo do Ministério Público. O artigo 69.º, n.º 2 do ETAF de 1984 dispunha: "*O ministério público representa o Estado nas acções em que este for parte, nos termos da lei de processo adminis-*

trativo". E, agindo em representação do Estado, ao Ministério Público assistiam os direitos consagrados no artigo 27.º da LPTA [17].
Actualmente, o n.º 2 do artigo 11.º do CPTA estabelece: "*Sem prejuízo da representação do Ministério Público nos processos que tenham por objecto relações contratuais e de responsabilidade, as pessoas colectivas de direito público ou os ministérios podem ser representados em juízo por licenciado em Direito com funções de apoio jurídico, expressamente designado para o efeito, cuja actuação no âmbito do processo fica vinculada à observância dos mesmos deveres deontológicos, designadamente de sigilo, que obrigam o mandatário da outra parte*".

IV. Mais do que discutir as virtudes deste modelo de representação do Estado nos tribunais tributários, as primeiras dificuldades de articulação entre o novo processo administrativo e este processo tributário prendem-se com a reconfiguração do papel do Ministério Público operada pelo CPTA. Sobretudo nos casos em que o CPPT remete para normas de processo administrativo que conheceram alterações no domínio dos poderes de intervenção do Ministério Público agindo em representação da Administração – papel que, no contencioso tributário, cabe ao Representante da Fazenda Pública – ou na defesa da legalidade objectiva – que no contencioso tributário cabe, de igual modo, ao Ministério Público.

Por outro lado, e quanto às virtudes deste modelo nascido com o ETAF de 1984, "*a dualidade de representações se carece de fundamentação teórica aceitável vem também criar problemas de funcionamento inteiramente dispensáveis. (...) tudo o que contribua para um andamento mais arrastado no julgamento dos feitos tributários, em especial num sistema que continua dominado pelo* solve et repete *e onde o Estado se preocupa mais em garantir os seus créditos do que os direitos dos contribuintes significa uma virtual* denegatio justitiae" [18].

---

[17] Disponha o preceito: "*Salvo nos recursos que interponha em defesa da legalidade, pode o Ministério Público, mediante vista dos autos ou, nos demais casos, em requerimento:* " *a) suscitar a regularização da petição, excepções, nulidades e quaisquer questões que obstem ao prosseguimento do recurso e pronunciar-se sobre questões que não tenha suscitado: b) Promover diligências de instrução; c) Emitir parecer sobre a decisão final a proferir; d) Arguir vícios não invocados pelo recorrente; e) Requerer, assumindo a posição de recorrente, o prosseguimento de recurso interposto durante o prazo em que podia impugnar o respectivo acto, para julgamento não abrangido em decisão, ainda não transitada, que tenha posto termo ao recurso por desistência ou outro fundamento impeditivo do conhecimento do seu objecto*".

[18] SALDANHA SANCHES, "Interesse Público...", ob. cit., pág. 153.

Artigo 16.º
Incompetência absoluta em processo judicial

1 – A infracção das regras de competência em razão da hierarquia e da matéria determina a incompetência absoluta do tribunal.

2 – A incompetência absoluta é de conhecimento oficioso e pode ser arguida pelos interessados ou suscitada pelo Ministério Público ou pelo representante da Fazenda Pública até ao trânsito em julgado da decisão final.

I. Cfr. artigos 13.º a 22.º do CPTA.

Artigo 17.º
Incompetência territorial em processo judicial

1 – A infracção das regras de competência territorial determina a incompetência relativa do tribunal ou serviço periférico local ou regional onde correr o processo.

2 – A incompetência relativa só pode ser arguida:
  a) No processo de impugnação, pelo representante da Fazenda Pública, antes do início da produção da prova;
  b) No processo de execução, pelo executado, até findar o prazo para a oposição.

3 – Se a petição de impugnação for apresentada em serviço periférico local ou regional territorialmente incompetente, o seu dirigente promoverá a sua remessa para o serviço considerado competente no prazo de 48 horas, disso notificando o impugnante.

Artigo 18.º
Efeitos da declaração judicial de incompetência

1 – A decisão judicial da incompetência territorial implica a remessa oficiosa do processo ao tribunal competente no prazo de 48 horas.

2 – Nos restantes casos de incompetência pode o interessado, no prazo de 14 dias a contar da notificação da decisão que a declare, requerer a remessa do processo ao tribunal competente.

3 – A decisão que declare a incompetência indicará o tribunal considerado competente.

4 – Em qualquer dos casos, a petição considera-se apresentada na data do primeiro registo do processo.

Artigo 19.º
Deficiências ou irregularidades processuais

O tribunal ou qualquer serviço da administração tributária para onde subir o processo, se nele verificar qualquer deficiência ou irregularidade que não possa sanar, mandá-lo-á baixar para estas serem supridas.

I. Cfr. artigo 76.º do CPA; artigo 88.º do CPTA.

SECÇÃO IV
Dos actos procedimentais e processuais

SUBSECÇÃO I
Dos prazos

Artigo 20.º
Prazos

1 – Os prazos do procedimento tributário e de impugnação judicial contam-se nos termos do artigo 279.º do Código Civil.

2 – Os prazos para a prática de actos no processo judicial contam-se nos termos do Código de Processo Civil.

I. O n.º 1 deste preceito estabelece que aos prazos procedimentais e aos prazos para o exercício do direito de impugnação, sendo prazos substantivos, se aplicam as regras estatuídas no artigo 279.º do CC (*ex vi* artigo 296.º do CC). Por seu turno, o n.º 2 remete a contagem dos prazos processuais para o artigo 144.º do CPC *.

Desta forma, quer o CPPT, quer o CPTA consagram a regra da continuidade dos prazos. O CPPT por remissão para os preceitos enunciados. O CPTA, não fornecendo uma regra genérica de contagem de prazos, estabelece, *maxime* no artigo 58.º, n.º 3 (que dispõe sobre a contagem dos prazos de impugnação de actos administrativos anuláveis), que a contagem dos prazos obedece às regras para a

---

* *Estabelece o n.º 1 do artigo 144.º do CPC: "1 – O prazo processual, estabelecido por lei afixado por despacho do juiz, é contínuo, suspendendo-se, no entanto, durante as férias judiciais, salvo se a sua duração for igual ou superior a seis meses ou se tratar de actos em processos que a lei considere urgentes"; e o n.º 4: "Os prazos para a propositura de acções previstos neste Código seguem o regime dos números anteriores".*

propositura de acções previstos no CPC – que, por seu turno, apenas estabelece tais prazos nos casos previstos nos artigos 389.º (prazo de propositura de acção principal após requerimento de providência cautelar) e 1068.º (prazo para a acção de avarias grossas), valendo para as demais situações o disposto no CC.

Já no âmbito da contagem dos prazos procedimentais, encontram-se diferenças significativas entre o CPPT e o CPA. De facto, pese embora o CPPT e o CPTA adoptem a **regra da continuidade**, o CPA prevê, no artigo 72.º:

"1 – À contagem dos prazos são aplicáveis as seguintes regras:

a) Não se inclui na contagem o dia em que ocorrer o evento a partir do qual o prazo começa a correr;

*b) O prazo começa a correr independentemente de quaisquer formalidades e **suspende-se nos sábados, domingos e feriados**;*

c) O termo do prazo que caia em dia em que o serviço perante o qual deva ser praticado o acto não esteja aberto ao público, ou não funcione durante o período normal, transfere-se para o primeiro dia útil seguinte.

2 – Na contagem dos prazos legalmente fixados em mais de seis meses incluem-se os sábados, domingos e feriados." (aditado pelo Decreto-Lei n.º 6/96, de 31 de Janeiro)

A explicação para esta dissonância encontra-se em razões de ordem conjuntural e temporal. De facto, aquando da entrada em vigor do CPA, aprovado pelo Decreto-Lei 442/91, de 15 de Novembro, o CPC estabelecia, no artigo 144.º, n.ºs 2 e 3: *"2 – O prazo judicial é contínuo, começando a correr independentemente de assinação ou outra formalidade e correndo seguidamente. 3 – O prazo judicial, suspende-se, no entanto, durante as férias, domingos e dias feriados"*.

No âmbito do CPC de 1939, a regra da continuidade dos prazos processuais vigorou até 1980, momento em que o Decreto-Lei n.º 457/80, de 10 de Outubro, fixou a suspensão dos prazos aos domingos e feriados, pela necessidade de existência de uma correlação entre a continuidade e um aumento da duração dos prazos, por forma a compensar a perda decorrente do cômputo dos feriados e dias de descanso semanal. Só com o Decreto-Lei n.º 329-A/95, de 12 de Dezembro (que operou a *reforma* do processo civil), foi reintroduzida a continuidade dos prazos, em consonância com a maior duração dos prazos.

O CPA, entrando em vigor num momento em que CPC havia expurgado a regra da continuidade, adoptou a regra da suspensão dos prazos procedimentais aos sábados, domingos e feriados, acompanhando os dias oficiais de descanso dos funcionários públicos (razão que explica, também, que *"não havendo férias para a Administração – ao contrário do que acontece para os tribunais – os prazos procedimentais (...) não se interrompem ou suspendem por causa de férias"*[19]).

---

[19] MÁRIO ESTEVES DE OLIVEIRA, PEDRO COSTA GONÇALVES, J. PACHECO DE AMORIM, *Código do Procedimento Administrativo*, Almedina, Coimbra, 1997, pág. 367.

Desta forma, e em nome da necessária harmonia procedimental e processual das regras do direito administrativo, e entre estas e o procedimento e o processo tributário, julgamos que esta norma do CPA poderia conhecer alterações, em sede de revisão (que parece estar) próxima. Aliás, tal oportunidade foi (ao que parece, intencionalmente) perdida em 1996, aquando da introdução de alterações ao CPA pelo Decreto-Lei n.º 6/96, de 31 de Janeiro.

Artigo 21.º
Despachos e sentenças. Prazos

Na falta de disposições especiais, observar-se-ão os seguintes prazos para os despachos e sentenças:

a) **Os despachos que não sejam de mero expediente serão proferidos dentro de 10 dias, devendo os de mero expediente ser proferidos no prazo de 5 dias;**

b) **As sentenças serão proferidas dentro de 20 dias.**

I. Cfr. artigo 29.º do CPTA.

Artigo 22.º
Promoções do Ministério Público e do representante da Fazenda Pública. Prazo

1 – No processo judicial tributário, os prazos para a prática de actos pelo Ministério Público e pelo representante da Fazenda Pública têm a natureza de prazos peremptórios.

2 – Na falta de disposição especial, os prazos mencionados no n.º 1 são de 15 dias na 1.ª instância e de 30 dias nos tribunais superiores.

[Redacção dada pela Lei n.º 15/2001, de 5 de Junho, que *"Reforça as garantias do contribuinte e a simplificação processual, reformula a organização judiciária tributária e estabelece um novo regime geral para as infracções tributárias"*]

I. Cfr. artigo 29.º do CPTA.

Artigo 23.º
Prazos fixados

1 – Quando, nos termos da lei, o prazo do acto deva ser fixado pela administração tributária ou pelo juiz, este não pode ser inferior a 10 nem superior a 30 dias.

2 – Se a administração tributária ou o juiz não fixarem o prazo, este será de 10 dias.

I. Cfr. artigo 29.º do CPTA.

Artigo 24.º
Passagem de certidões e cumprimento de cartas precatórias

1 – As certidões de actos e termos do procedimento tributário, bem como de actos e termos judiciais, serão obrigatoriamente passadas mediante a apresentação de pedido escrito ou oral, no prazo de 10 dias.

2 – Em caso de pedido oral, este será redigido a termo no serviço da administração tributária competente.

3 – As certidões poderão ser passadas no prazo de 48 horas caso a administração tributária disponha dos elementos necessários e o contribuinte invoque fundamentadamente urgência na sua obtenção.

4 – A validade de certidões passadas pela administração tributária que estejam sujeitas a prazo de caducidade poderá ser prorrogada, a pedido dos interessados, por períodos sucessivos de um ano, que não poderão ultrapassar três anos, desde que não haja alteração dos elementos anteriormente certificados.

5 – As cartas precatórias serão cumpridas nos 60 dias posteriores ao da sua entrada nos serviços deprecados.

I. Cfr. artigo 63.º do CPA; artigos 104.º a 108.º do CPTA.

Artigo 25.º
Cumprimento dos prazos

Os serviços competentes da administração tributária ou dos tribunais tributários elaborarão relações trimestrais dos procedimentos e processos em que os prazos previstos no presente Código não foram injustificadamente cumpridos e remetê-las-ão às entidades com competência inspectiva e disciplinar sobre os responsáveis do incumprimento, para os efeitos que estas entenderem apropriados.

SUBSECÇÃO II
Do expediente interno

Artigo 26.º
Recibos

1 – Os serviços da administração tributária passarão obrigatoriamente recibo das petições e de quaisquer outros requerimentos, exposições ou reclamações, com menção dos documentos que os ins-

truam e da data da apresentação, independentemente da natureza do processo administrativo ou judicial.

2 – No caso de remessa pelo correio, sob registo, de requerimentos, petições ou outros documentos dirigidos à administração tributária, considera-se que a mesma foi efectuada na data do respectivo registo, salvo o especialmente estabelecido nas leis tributárias.

[Redacção dada pela Lei n.º 32-B/2002, de 30 de Dezembro, *Lei do Orçamento do Estado para 2003*]

I. Cfr. artigo 81.º do CPA.

Artigo 27.º
Processos administrativos ou judiciais instaurados. Extracção de verbetes. Averbamentos. Verbetes e cartas precatórias

1 – Dos processos administrativos ou judiciais instaurados extrair-se-ão verbetes informatizados, os quais conterão o seu número, a data da autuação, nome, número de identificação fiscal e domicílio do requerente, reclamante, impugnante, executado ou arguido, proveniência e montante da dívida ou valor do processo e natureza da infracção.

2 – No espaço reservado a averbamentos, além de quaisquer outras indicações úteis, anotar-se-ão, além do respectivo número de identificação fiscal, o novo domicílio do requerente, reclamante, impugnante ou executado, os nomes e moradas dos representantes das sociedades ou empresas de responsabilidade limitada, dos restantes responsáveis solidários ou subsidiários e dos sucessores do executado e os motivos de extinção da execução.

3 – Sempre que exista, em relação ao interessado, algum verbete relativo a outro processo administrativo ou judicial, extrair-se-ão dele os elementos úteis ao andamento do novo procedimento ou processo.

4 – Serão também extraídos verbetes informatizados das cartas precatórias recebidas.

5 – Apenas em caso de impossibilidade de processamento dos verbetes por meios informáticos, poderão estes ser processados manualmente.

Artigo 28.º
Arquivo

1 – Com os verbetes a que se refere o artigo anterior, organizar-se-á um índice geral alfabético informatizado dos processos administrativos e judiciais.

2 – À medida que os processos administrativos ou judiciais findarem, serão os verbetes retirados do índice geral vivo e com eles organizar-se-ão, de acordo com as características do serviço e a natureza de cada um dele, os seguintes índices históricos:

   a) Processos administrativos de reclamação graciosa;
   b) Processos administrativos de cobrança a posteriori dos tributos;
   c) Processos administrativos de reembolso ou dispensa de pagamento dos tributos;
   d) Processos de impugnação judicial;
   e) Execuções extintas por cobrança;
   f) Execuções extintas por dação;
   g) Execuções extintas por confusão;
   h) Execuções extintas por conversão de créditos em capital;
   i) Execuções extintas por transferência de titularidade dos créditos;
   j) Execuções extintas por perdão ou amnistia;
   k) Execuções extintas por prescrição;
   l) Execuções extintas por anulação das dívidas;
   m) Execuções extintas por declaração em falhas;
   n) Cartas precatórias cumpridas;
   o) Outros processos administrativos;
   p) Outros processos judiciais.

3 – Apenas em caso de impossibilidade de processamento dos índices por meios informáticos, poderão estes ser processados manualmente.

4 – Os documentos integrando os processos administrativos ou judiciais correspondentes aos verbetes referidos no n.º 2 manter-se-ão arquivados por 8 anos, salvo aqueles em que tenha havido venda de bens, sub-rogação, oposição, embargos de terceiros e reclamação de créditos quando os pagamentos tenham sido efectuados de acordo com a graduação de créditos, que permanecerão arquivados por tempo indeterminado.

Artigo 29.º
Modelos dos impressos processuais

1 – Os impressos a utilizar no procedimento administrativo tributário obedecerão a modelos aprovados pelo membro do Governo ou órgão executivo de quem dependam os serviços da administração tributária.

2 – Os impressos a utilizar no processo judicial tributário e no processo de execução fiscal obedecerão a modelos aprovados pelo Ministro das Finanças e pelo Ministro da Justiça.

I. Cfr. artigo 78.º, n.º 5 do CPTA.

Artigo 30.º
Consulta dos processos administrativos ou judiciais

1 – Os documentos dos processos administrativos e judiciais pendentes ou arquivados podem ser consultados pelos interessados ou seus representantes.

2 – Os mandatários judiciais constituídos podem requerer que os processos pendentes ou arquivados nos tribunais lhes sejam confiados para exame fora da secretaria, com observância das normas do Código de Processo Civil.

I. Cfr. artigo 62.º do CPA; artigos 104.º a 108.º do CPTA.

Artigo 31.º
Editais

1 – Quando, nos termos da lei, houver lugar à publicação de editais ou anúncios, esta será feita a expensas do interessado, entrando em regra de custas.

2 – Os editais e os anúncios publicados na imprensa serão juntos aos restantes documentos do processo administrativo ou judicial e colados numa folha em que se indicarão o título do jornal e a data e custo da publicação.

Artigo 32.º
Restituição de documentos

Findo o processo administrativo ou judicial, os documentos

serão restituídos ao interessado a seu pedido, sendo substituídos por certidões do mesmo teor ou, tratando-se de documentos que existam permanentemente em repartições ou serviços públicos, desde que fique no processo a indicação da repartição ou serviço e do livro e lugar respectivos.

Artigo 33.º
Processos administrativos ou judiciais concluídos

Os documentos dos processos administrativos ou judiciais concluídos, depois de mensalmente descarregados no registo geral, serão arquivados no tribunal ou serviço que os tenha instaurado, por ordem sequencial ou alfabética, em tantos maços distintos quantos os índices especiais referidos no artigo 28.º.

Artigo 34.º
Valor probatório dos documentos existentes nos arquivos da administração tributária

1 – O conhecimento dos documentos existentes nos arquivos da administração tributária, relativos às relações estabelecidas com os contribuintes no âmbito da execução da política tributária ou outra, pode ser obtido pelas seguintes formas:

a) Informação escrita;
b) Certidão, fotocópia, reprodução de microfilme, reprodução de registo informático ou reprodução de registo digital.

2 – As cópias obtidas a partir dos suportes arquivísticos utilizados na administração tributária têm a força probatória do original, desde que devidamente autenticadas.

3 – O interessado pode requerer, nos termos legais, o confronto das cópias referidas no número anterior com o original.

SUBSECÇÃO III
Das notificações e citações

Artigo 35.º
Notificações e citações

1 – Diz-se notificação o acto pelo qual se leva um facto ao conhecimento de uma pessoa ou se chama alguém a juízo.

2 – A citação é o acto destinado a dar conhecimento ao executado de que foi proposta contra ele determinada execução ou a chamar a esta, pela primeira vez, pessoa interessada.

3 – Os despachos a ordenar citações ou notificações podem ser impressos e assinados por chancela.

I. Cfr. artigos 66.º a 70.º do CPA; artigo 25.º do CPTA; artigo 77.º da LGT.

ARTIGO 36.º
Notificações em geral

1 – Os actos em matéria tributária que afectem os direitos e interesses legítimos dos contribuintes só produzem efeitos em relação a estes quando lhes sejam validamente notificados.

2 – As notificações conterão sempre a decisão, os seus fundamentos e meios de defesa e prazo para reagir contra o acto notificado, bem como a indicação da entidade que o praticou e se o fez no uso de delegação ou subdelegação de competências.

3 – Constitui notificação o recebimento pelo interessado de cópia de acta ou assento do acto a que assista.

ARTIGO 37.º
Comunicação ou notificação insuficiente

1 – Se a comunicação da decisão em matéria tributária não contiver a fundamentação legalmente exigida, a indicação dos meios de reacção contra o acto notificado ou outros requisitos exigidos pelas leis tributárias, pode o interessado, dentro de 30 dias ou dentro do prazo para reclamação, recurso ou impugnação ou outro meio judicial que desta decisão caiba, se inferior, requerer a notificação dos requisitos que tenham sido omitidos ou a passagem de certidão que os contenha, isenta de qualquer pagamento.

2 – Se o interessado usar da faculdade concedida no número anterior, o prazo para a reclamação, recurso, impugnação ou outro meio judicial conta-se a partir da notificação ou da entrega da certidão que tenha sido requerida.

3 – A apresentação do requerimento previsto no n.º 1 pode ser provada por duplicado do mesmo, com o registo de entrada no serviço que promoveu a comunicação ou notificação ou por outro documento autêntico.

4 – No caso de o tribunal vier a reconhecer como estando errado o meio de reacção contra o acto notificado indicado na notificação, poderá o meio de reacção adequado ser ainda exercido no prazo de 30 dias a contar do trânsito em julgado da decisão judicial.

Artigo 38.º
Avisos e notificações por via postal ou telecomunicações endereçadas

1 – As notificações são efectuadas obrigatoriamente por carta registada com aviso de recepção, sempre que tenham por objecto actos ou decisões susceptíveis de alterarem a situação tributária dos contribuintes ou a convocação para estes assistirem ou participarem em actos ou diligências.

2 – Para efeitos do disposto no número anterior a comunicação dos serviços postais para levantamento de carta registada remetida pela administração fiscal deve sempre conter de forma clara a identificação do remetente.

3 – As notificações não abrangidas pelo n.º 1 do presente artigo serão efectuadas por carta registada.

4 – As liquidações de impostos periódicos feitas nos prazos previstos na lei serão comunicadas por simples via postal.

5 – As notificações serão pessoais nos casos previstos na lei ou quando a entidade que a elas proceder o entender necessário.

6 – Às notificações pessoais aplicam-se as regras sobre a citação pessoal.

7 – O funcionário que emitir qualquer aviso ou notificação indicará o seu nome e mencionará a identificação do procedimento ou processo e o resumo dos seus objectivos.

8 – As notificações referidas nos n.ºs 3 e 4 do presente artigo poderão ser efectuadas, nos termos do número anterior, por telefax ou via Internet, quando a administração tributária tenha conhecimento da caixa de correio electrónico ou número de telefax do notificando e possa posteriormente confirmar o conteúdo da mensagem e o momento em que foi enviada.

Artigo 39.º
Perfeição das notificações

1 – As notificações efectuadas nos termos do n.º 3 do artigo anterior presumem-se feitas no 3.º dia posterior ao do registo ou no 1.º dia útil seguinte a esse, quando esse dia não seja útil.

2 – A presunção do número anterior só pode ser ilidida pelo notificado quando não lhe seja imputável o facto de a notificação ocorrer em data posterior à presumida, devendo para o efeito a administração tributária ou o tribunal, com base em requerimento do interessado, requerer aos correios informação sobre a data efectiva da recepção.

3 – Havendo aviso de recepção, a notificação considera-se efectuada na data em que ele for assinado e tem-se por efectuada na própria pessoa do notificando, mesmo quando o aviso de recepção haja sido assinado por terceiro presente no domicílio do contribuinte, presumindo-se neste caso que a carta foi oportunamente entregue ao destinatário.

4 – O distribuidor do serviço postal procederá à notificação das pessoas referidas no número anterior por anotação do bilhete de identidade ou de outro documento oficial.

5 – Em caso de o aviso de recepção ser devolvido ou não vier assinado por o destinatário se ter recusado a recebê-lo ou não o ter levantado no prazo previsto no regulamento dos serviços postais e não se comprovar que entretanto o contribuinte comunicou a alteração do seu domicílio fiscal, a notificação será efectuada nos 15 dias seguintes à devolução por nova carta registada com aviso de recepção, presumindo-se a notificação se a carta não tiver sido recebida ou levantada, sem prejuízo de o notificando poder provar justo impedimento ou a impossibilidade de comunicação da mudança de residência no prazo legal.

6 – Quando a notificação for efectuada por telefax ou via Internet, presume-se que foi feita na data de emissão, servindo de prova, respectivamente, a cópia do aviso de onde conste a menção de que a mensagem foi enviada com sucesso, bem como a data, hora e número de telefax do receptor ou o extracto da mensagem efectuado pelo funcionário, o qual será incluído no processo.

7 – A presunção referida no número anterior poderá ser ilidida por informação do operador sobre o conteúdo e data da emissão.

8 – O acto de notificação será nulo no caso de falta de indicação do autor do acto e, no caso de este o ter praticado no uso de delegação ou subdelegação de competências, da qualidade em que decidiu, do seu sentido e da sua data.

Artigo 40.º
Notificação aos mandatários

1 – As notificações aos interessados que tenham constituído mandatário serão feitas na pessoa deste e no seu escritório.

2 – Quando a notificação tenha em vista a prática pelo interessado de acto pessoal, além da notificação ao mandatário, será enviada carta ao próprio interessado, indicando a data, o local e o motivo da comparência

3 – As notificações serão feitas por carta ou aviso registados, dirigidos para o domicílio ou escritório dos notificandos, podendo estes ser notificados pelo funcionário competente quando encontrados no edifício do serviço ou tribunal.

Artigo 41.º
Notificação ou citação das pessoas colectivas ou sociedades

1 – As pessoas colectivas e sociedades serão citadas ou notificadas na pessoa de um dos seus administradores ou gerentes, na sua sede, na residência destes ou em qualquer lugar onde se encontrem.

2 – Não podendo efectuar-se na pessoa do representante por este não ser encontrado pelo funcionário, a citação ou notificação realiza-se na pessoa de qualquer empregado, capaz de transmitir os termos do acto, que se encontre no local onde normalmente funcione a administração da pessoa colectiva ou sociedade.

3 – O disposto no número anterior não se aplica se a pessoa colectiva ou sociedade se encontrar em fase de liquidação ou falência, caso em que a diligência será efectuada na pessoa do liquidatário.

Artigo 42.º
Notificação ou citação do Estado, das autarquias locais e dos serviços públicos

1 – As notificações e citações de autarquia local ou outra entidade de direito público serão feitas por carta registada com aviso de

recepção, dirigida ao seu presidente ou membro em que este tenha delegado essa competência.

2 – Se o notificando ou citando for um serviço público do Estado, a notificação ou citação será feita na pessoa do seu presidente, director-geral ou funcionário equiparado, salvo disposição legal em contrário.

Artigo 43.º
Obrigação de participação de domicílio

1 – Os interessados que intervenham ou possam intervir em quaisquer procedimentos ou processos nos serviços da administração tributária ou nos tribunais tributários comunicarão, no prazo de 20 dias, qualquer alteração do seu domicílio ou sede.

2 – A falta de recebimento de qualquer aviso ou comunicação expedidos nos termos dos artigos anteriores, devido ao não cumprimento do disposto no n.º 1, não é oponível à administração tributária, sem prejuízo do que a lei dispõe quanto à obrigatoriedade da citação e da notificação e dos termos por que devem ser efectuadas.

3 – A comunicação referida no n.º 1 só produzirá efeitos, sem prejuízo da possibilidade legal de a administração tributária proceder oficiosamente à sua rectificação se o interessado fizer a prova de já ter solicitado ou obtido a actualização fiscal do domicílio ou sede.

TÍTULO II
Do Procedimento Tributário

CAPÍTULO I
Disposições gerais

Artigo 44.º
Procedimento tributário

1 – O procedimento tributário compreende, para efeitos do presente Código:

    a) As acções preparatórias ou complementares da liquidação dos tributos, incluindo parafiscais, ou de confirmação dos

factos tributários declarados pelos sujeitos passivos ou outros obrigados tributários;
b) A liquidação dos tributos, quando efectuada pela administração tributária;
c) A revisão, oficiosa ou por iniciativa dos interessados, dos actos tributários;
d) A emissão, rectificação, revogação, ratificação, reforma ou conversão de quaisquer outros actos administrativos em matéria tributária, incluindo sobre benefícios fiscais;
e) As reclamações e os recursos hierárquicos;
f) A avaliação directa ou indirecta dos rendimentos ou valores patrimoniais;
g) A cobrança das obrigações tributárias, na parte que não tiver natureza judicial;
h) A contestação de carácter técnico relacionada com a classificação pautal, a origem ou o valor das mercadorias objecto de uma declaração aduaneira, sem prejuízo da legislação especial aplicável;
i) Todos os demais actos dirigidos à declaração dos direitos tributários.

2 – As acções de observação das realidades tributárias, da verificação do cumprimento das obrigações tributárias e de prevenção das infracções tributárias são reguladas pelo Regime Complementar do Procedimento de Inspecção Tributária.

I. Cfr. artigo 1.º do CPA; artigo 54.º da LGT.

Artigo 45.º
Contraditório

1 – O procedimento tributário segue o princípio do contraditório, participando o contribuinte, nos termos da lei, na formação da decisão.

2 – O contribuinte é ouvido oralmente ou por escrito, conforme o objectivo do procedimento.

3 – No caso de audiência oral, as declarações do contribuinte serão reduzidas a termo.

I. Cfr. artigos 8.º, 100.º a 105.º do CPA; artigos 55.º e 60.º da LGT.

Artigo 46.º
Proporcionalidade

Os actos a adoptar no procedimento serão os adequados aos objectivos a atingir, de acordo com os princípios da proporcionalidade, eficiência, praticabilidade e simplicidade.

I. Cfr. artigo 5.º do CPA; artigo 56.º da LGT.

Artigo 47.º
Duplo grau de decisão

1 – No procedimento tributário vigora o princípio do duplo grau de decisão, não podendo a mesma pretensão do contribuinte ser apreciada sucessivamente por mais de dois órgãos integrando a mesma administração tributária.

2 – Considera-se que a pretensão é a mesma, para efeitos do número anterior, em caso de identidade do autor e dos fundamentos de facto e de direito invocados.

3 – O pedido de reapreciação da decisão deve, salvo lei especial, ser dirigido ao dirigente máximo do serviço ou a quem ele tiver delegado essa competência.

Artigo 48.º
Cooperação da administração tributária e do contribuinte

1 – A administração tributária esclarecerá os contribuintes e outros obrigados tributários sobre a necessidade de apresentação de declarações, reclamações e petições e a prática de quaisquer outros actos necessários ao exercício dos seus direitos, incluindo a correcção dos erros ou omissões manifestas que se observem.

2 – O contribuinte cooperará de boa-fé na instrução do procedimento, esclarecendo de modo completo e verdadeiro os factos de que tenha conhecimento e oferecendo os meios de prova a que tenha acesso.

I. Cfr. artigo 7.º do CPA; artigo 8.º do CPTA; artigo 59.º da LGT.

Artigo 49.º
Cooperação de entidades públicas

Estão sujeitos a um dever geral de cooperação no procedimento os serviços, estabelecimentos e organismos, ainda que personalizados, do Estado, das Regiões Autónomas e das autarquias locais, as associações públicas, as empresas públicas ou de capital exclusivamente público, as instituições particulares de solidariedade social e as pessoas colectivas de utilidade pública.

I. Cfr. artigo 8.º do CPTA.

Artigo 50.º
Meios de prova

No procedimento, o órgão instrutor utilizará todos os meios de prova legalmente previstos que sejam necessários ao correcto apuramento dos factos, podendo designadamente juntar actas e documentos, tomar declarações de qualquer natureza do contribuinte ou outras pessoas e promover a realização de perícias ou inspecções oculares.

I. Cfr. artigos 88.º a 97.º do CPA.

Artigo 51.º
Contratação de outras entidades

1 – A administração tributária pode, nos termos da lei e no âmbito das suas competências, contratar o serviço de quaisquer outras entidades para a colaboração em operações de entrega e recepção de declarações ou outros documentos ou de processamento da liquidação ou cobrança das obrigações tributárias.

2 – A administração tributária pode igualmente, nos termos da lei, celebrar protocolos com entidades públicas e privadas com vista à realização das suas atribuições.

3 – Quem, em virtude dos contratos e protocolos referidos nos números anteriores, tomar conhecimento de quaisquer dados relativos à situação tributária dos contribuintes fica igualmente sujeito ao dever de sigilo fiscal.

I. Cfr. artigos 178.º a 189.º do CPA.

Artigo 52.º
Erro na forma de procedimento

Se, em caso de erro na forma de procedimento, puderem ser aproveitadas as peças úteis ao apuramento dos factos, será o procedimento oficiosamente convolado na forma adequada.

Artigo 53.º
Arquivamento

1 – O procedimento da iniciativa do contribuinte será obrigatoriamente arquivado se ficar parado mais de 90 dias por motivo a este imputável.

2 – A administração tributária deve, até 15 dias antes do termo do prazo referido no n.º 1, notificar o contribuinte, por carta registada, e informá-lo sobre os efeitos do incumprimento dos seus deveres de cooperação.

I. Cfr. artigo 111.º do CPA.

Artigo 54.º
Impugnação unitária

Salvo quando forem imediatamente lesivos dos direitos do contribuinte ou disposição expressa em sentido diferente, não são susceptíveis de impugnação contenciosa os actos interlocutórios do procedimento, sem prejuízo de poder ser invocada na impugnação da decisão final qualquer ilegalidade anteriormente cometida.

[Redacção dada pela Lei n.º 32-B/2002, de 30 de Dezembro, *Lei do Orçamento do Estado para 2003*]

I. Cfr., também, comentário ao artigo 60.º deste Código.

II. A definitividade horizontal

a) Este preceito consagra o princípio da impugnação unitária no contencioso tributário: só haverá impugnação contenciosa "*do acto final do procedimento, que afecta imediatamente a esfera patrimonial do contribuinte, fixando a posição final da administração tributária perante este, definindo os seus direitos ou deveres. Nos procedimentos tributários que conduzem a um acto de liquidação de um tributo, a esfera jurídica dos interessados apenas é atin-*

gida por esse acto e, por isso, em regra, será ele e apenas ele o acto lesivo e contenciosamente impugnável" [20]. Estamos, então, perante o requisito de *definitividade horizontal*: o acto impugnável será aquele que põe termo ao procedimento.

Esta regra conhece, como o próprio preceito reconhece – "*salvo quando forem imediatamente lesivo dos direitos do contribuinte ou disposição expressa em sentido diferente...*" – excepções: é o caso dos actos destacáveis, actos preparatórios da decisão que finaliza um dado procedimento, que se *destacam* da tramitação procedimental para efeitos de impugnação contenciosa autónoma e imediata. No entanto, esta *destacabilidade* apenas surgirá, face a este princípio de impugnação unitária, a título excepcional: na medida em que seja imediatamente lesivo, ou perante previsão legal expressa.

Algumas excepções legalmente prevista à impugnação unitária: artigo 86.º, n.º 1 da LGT (impugnação contenciosa directa dos actos de avaliação directa da matéria tributável); artigo 63.º, n.ºs 7 e 10 deste Código (impugnação directa da decisão de autorização da aplicação de disposições antiabuso); etc.

b) O CPTA, por seu turno, disciplina a questão da impugnabilidade dos actos administrativos de forma mais ampla. Sobre esta matéria rege o artigo 51.º, fixando o conceito de acto impugnável:

"*1 – Ainda que inseridos num procedimento administrativo, são impugnáveis os actos administrativos com eficácia externa, especialmente aqueles cujo conteúdo seja susceptível de lesar direitos ou interesses legalmente protegidos.*

2 – São igualmente impugnáveis as decisões meramente administrativas proferidas por autoridades não integradas na Administração Pública e por entidades privadas que actuem ao abrigo de normas de direito administrativo.

3 – Salvo quando o acto em causa tenha determinado a exclusão do interessado do procedimento e sem prejuízo do dispostos em lei especial, a circunstância de não ter impugnado qualquer acto procedimental não impede o interessado de impugnar o acto final com fundamento em ilegalidades cometidas ao longo do procedimento.

4 – Se contra um acto de indeferimento for deduzido pedido de estrita anulação, o tribunal convida o autor a substituir a petição, para o efeito de formular o adequado pedido de condenação à prática do acto devido, e, se a petição for substituída, a entidade demandada e os contra-interessados são de novo citados para contestar".

Apelando ao conceito de acto destacável e ao critério da lesividade do acto, conceitos fundadores do princípio da impugnação unitária do contencioso tributário, o direito processual administrativo vai mais longe na sua noção de

---

[20] LOPES DE SOUSA, ob. cit., pág. 264.

acto administrativo impugnável. Pode ler-se na Exposição de Motivos do CPTA: "*procurou definir-se o acto administrativo impugnável tendo presente que ele pode não ser lesivo de direitos ou interesses individuais, mas sem deixar, de harmonia com o texto constitucional, de sublinhar o especial relevo que a impugnação de actos administrativos assume nesse caso. Por outro lado, deixa de se prever a definitividade como um requisito geral de impugnabilidade, **não se exigindo que o acto tenha sido praticado no termo de uma sequência procedimental** ou no exercício de uma competência exclusiva para poder ser impugnado*".

Assim, o requisito da definitividade horizontal é afastado, de forma clara e assumida, da noção de acto impugnável. Decisiva será, à luz do CPTA, a eficácia externa dos seus efeitos: "*actos com eficácia externa são os actos administrativos que determinem (que visem determinar, que sejam capazes de determinarem) a produção de efeitos externos, independentemente da respectiva eficácia*" [21]. Falamos, claro está, de actos destacáveis.

c) Aparentemente, poderíamos situar os dois preceitos no mesmo patamar: o artigo 54.º deste Código, consagrado de forma expressa a definitividade horizontal como requisito de impugnabilidade dos actos tributários tributários (*amplo sensu*), cede perante a lesividade e a disposição legal derrogatória, apelando ao conceito de acto destacável; o artigo 51.º, n.º 1 do CPTA refere-se, também, à lesividade do acto, tratando, também, dos actos destacáveis – no entanto, coloca o assento tónico na eficácia externa do acto, e afasta deliberadamente a definitividade horizontal do conceito de acto impugnável. Digamos, com Mário Aroso de Almeida, que "*o problema da impugnabilidade dos actos administrativos, problema (prévio) que deve ser colocado exclusivamente no plano – objectivo – da natureza dos efeitos que esse acto se destina a introduzir na ordem jurídica, não se confunde com o problema de saber se quem se propõe impugnar um acto administrativo alega ter sido lesado por esse acto, problema (ulterior) que já se situa no plano – subjectivo – da titularidade, na esfera do interessado, de uma situação jurídica legitimante que o habilite a pedir a anulação ou a declaração de nulidade do acto que seja impugnável e também da titularidade de um interesse em agir, fundado na existência de uma necessidade efectiva de tutela jurisdicional*" [22].

Admitindo a especificidade do direito tributário e, consequentemente, do seu direito adjectivo, a verdade é que o CPPT, apresentando soluções inovadoras e mais conformes à Constituição do que o bloco legal que anteriormente regia o contencioso administrativo, perdeu agora terreno face ao CPTA. Também nesta matéria este desfasamento se faz sentir: o abandono, no contencioso administra-

---

[21] VIERA DE ANDRADE, ob. cit., pág. 203.
[22] Ob. cit., pág. 135.

tivo, da construção dos pressupostos de recorribilidade em redor do conceito de definitividade, não poderá passar em branco no seio do processo tributário. Até porque a prática em torno deste princípio da impugnação unitária tem-se revelado mais restritiva do que a própria norma.

III. A definitividade vertical

a) O que aqui não se trata (nem tão pouco no artigo 60.º), é da definitividade vertical, ou seja, da necessidade de que o acto tenha sido praticado pelo ocupante do patamar último da escala hierárquica para que possa dele ser deduzida impugnação contenciosa.

No entanto, retira-se do regime do recurso hierárquico (*maxime* do artigo 67.º, n.º 1 deste Código e do artigo 80.º da LGT), bem como do regime da reclamação graciosa (artigos 68.º a 77.º deste Código) que a impugnação administrativa dos actos tributários *amplo sensu* não é necessária, via de regra, para efeitos da sua impugnação contenciosa. Existem, no entanto, situações em que a legislação processual tributária consagra a impugnação administrativa prévia como requisito de recorribilidade judicial. Será o caso da impugnação em caso de autoliquidação (artigo 131.º deste Código); da impugnação em caso de retenção na fonte (artigo 132.º); da impugnação em caso de pagamento por conta (artigo 133.º); e da impugnação dos actos de fixação de valores patrimoniais e incorrecções de inscrições matriciais (artigo 134.º).

Nestas situações, será a natureza própria do direito fiscal, nomeadamente a sua (crescente) privatização – com a deslocação do essencial das tarefas declarativas e liquidatárias para o contribuinte – a justificar que, sempre que a quantificação do imposto não decorra, de forma directa e clara, de uma prévia qualificação legal, se exija a reclamação prévia para a Administração tributária como requisito de impugnabilidade contenciosa. A impugnação administrativa prévia representa a "administrativização" das decisões procedimentais – momento em que a Administração é convocada a decidir e a partir do qual o contribuinte poderá assacar-lhe responsabilidades na sede judicial própria.

b) Na vigência da LPTA e demais normas processuais administrativas que a acompanhavam, a questão da definitividade vertical fez correr muita tinta e foi motor de intensos debates doutrinários. O CPTA, todavia, clarifica as inúmeras questões que se situavam em torno da inconstitucionalidade do artigo 25.º da LPTA ("*1 – Só é admissível recurso de actos definitivos e executórios*"), nomeadamente a questão da impugnação administrativa prévia.

Dos artigos 51.º e 59.º, n.ºs 4 e 5 do CPTA decorre a regra da desnecessidade da impugnação administrativa prévia. Porém, clarifica o co-autor da reforma, Mário Aroso de Almeida, o CPTA não tem "*o alcance de revogar as múltiplas determinações legais avulsas que instituem impugnações administrativas necessárias (...) na ausência de determinação legal expressa em sentido contrário, deve entender-se que os actos administrativos com eficácia externa são imediatamente impugnáveis perante os tribunais administrativos, sem necessidade de prévia utilização de qualquer via de impugnação administrativa"* [23-24].

O artigo 59.º, n.º 4 do CPTA estabelece que *"a utilização de meios de impugnação administrativa suspende o prazo de impugnação contenciosa do acto administrativo, que só retoma o seu curso com a notificação da decisão proferida sobre a impugnação administrativa ou com o decurso do respectivo prazo legal"* – o que leva Paulo Otero a utilizar a expressão *"impugnação recomendável"* [25].

No contencioso tributário, tal efeito suspensivo apenas se verificará, no âmbito do recurso hierárquico, quando atribuído por lei, e no âmbito da reclamação graciosa, *"quando for prestada garantia adequada nos termos do presente Código, a requerimento do contribuinte a apresentar com a petição, no prazo de 10 dias após a notificação para o efeito pelo órgão periférico local competente"* [artigo 69.º, al. f), deste Código]. O mesmo sucede com a reclamação genérica, prevista no artigo 66.º da LGT.

CAPÍTULO II
Procedimentos prévios de informação e avaliação

Artigo 55.º
Orientações genéricas

1 – É da exclusiva competência do dirigente máximo do serviço ou do funcionário em quem ele tiver delegado essa competência a emissão de orientações genéricas visando a uniformização da interpretação e aplicação das normas tributárias pelos serviços.

---

[23] Ob. cit., pág. 139.

[24] Apesar da desnecessidade de impugnação administrativa prévia, Vieira de Andrade destaca dois pontos importantes, relativamente a esta questão. Em primeiro lugar, os meios administrativos *"suspendem a eficácia do acto, são informais (e, portanto, de fácil, barata e rápida interposição) e proporcionam diversas vantagens práticas, incluindo a de obrigar uma autoridade administrativa mais qualificada a pronunciar-se sobre o caso, para além de até facilitarem (sobretudo para os «pessimistas») a preparação da petição da acção"* (ob. cit., pág. 280). Em segundo lugar, há hoje diversos casos em que surge um pressuposto semelhante à impugnação administrativa prévia, embora com outros contornos (cfr. artigo 67.º, n.º 1, artigo 37.º, n.º 3; artigo 109.º, n.º 2; artigo 104.º e 60.º, n.º 2, todos do CPTA. Cfr. também o artigo 74.º, n.ºs 2, 4, e 5 do Código das Expropriações, na versão da Lei n.º 13/2002, que aprovou o ETAF e criou a acção administrativa comum para reconhecimento do direito de reversão de bens expropriados).

[25] "Impugnações Administrativas", *Cadernos de Justiça Administrativa*, n.º 28, Julho/Agosto, 2001, pág. 52.

2 – Somente as orientações genéricas emitidas pelas entidades referidas no número anterior vinculam a administração tributária.
3 – As orientações genéricas referidas no n.º 1 devem constar obrigatoriamente de circulares administrativas e aplicam-se exclusivamente à administração tributária que procedeu à sua emissão.

Artigo 56.º
Base de dados

1 – A administração tributária organizará uma base de dados, permanentemente actualizada, contendo as orientações genéricas referidas no n.º 1 do artigo anterior.
2 – Aos contribuintes será facultado o acesso directo à base de dados referida no n.º 1 do presente artigo.
3 – Os interessados em qualquer procedimento ou processo regulado pelo presente Código poderão requerer ao dirigente máximo do serviço a comunicação de quaisquer despachos comportando orientações genéricas da administração tributária sobre as questões discutidas.
4 – A administração tributária responderá comunicando ao contribuinte o teor dos despachos solicitados expurgados dos seus elementos de carácter pessoal e procedendo à sua inclusão na base de dados a que se refere o n.º 1 no prazo de 90 dias.
5 – O disposto nos n.ºs 3 e 4 aplica-se a quaisquer informações ou pareceres que a administração tributária invoque no procedimento ou processo para fundamentar a sua posição.

I. Cfr. artigo 65.º do CPA; artigo 67.º da LGT.

Artigo 57.º
Informações vinculativas

1 – O despacho que recair sobre pedido de informação vinculativa sobre a concreta situação tributária dos contribuintes ou os pressupostos de quaisquer benefícios fiscais será notificado aos interessados, vinculando os serviços a partir da notificação que, verificados os factos previstos na lei, não poderão proceder de forma diversa, salvo em cumprimento de decisão judicial.
2 – Os interessados não ficam dispensados, quando o despacho for sobre os pressupostos de qualquer benefício fiscal dependente de reconhecimento, de o requerer autonomamente nos termos da lei.

3 – Apresentado o pedido de reconhecimento que tenha sido precedido do pedido de informação vinculativa, este ser-lhe-á apensado a requerimento do interessado, devendo a entidade competente para a decisão conformar-se com o anterior despacho, na medida em que a situação hipotética objecto do pedido de informação vinculativa coincida com a situação de facto objecto do pedido de reconhecimento, sem prejuízo das medidas de controlo do benefício fiscal exigidas por lei.

I. Cfr. artigo 61.º do CPA; artigo 68.º da LGT.

ARTIGO 58.º
Avaliação prévia

1 – Os contribuintes poderão, caso provem interesse legítimo, mediante o pagamento de uma taxa a fixar entre limites mínimos e máximos definidos anualmente pelo ministro competente, solicitar a avaliação de bens ou direitos que constituam a base de incidência de quais quer tributos, a que a administração tributária ainda não tenha procedido.

2 – A avaliação efectuada no número anterior tem efeitos vinculativos para a administração tributária por um período de três anos após se ter tornado definitiva.

3 – O efeito vinculativo referido no número anterior não se produz, em caso de reclamação ou impugnação da avaliação, até à decisão.

CAPÍTULO III
Do procedimento de liquidação

SECÇÃO I
Da instauração

ARTIGO 59.º
Início do procedimento

1 – O procedimento de liquidação instaura-se com as declarações dos contribuintes ou, na falta ou vício destas, com base em todos os elementos de que disponha ou venha a obter a entidade competente.

2 – O apuramento da matéria tributável far-se-á com base nas declarações dos contribuintes, desde que estes as apresentem nos termos previstos na lei e forneçam à administração tributária os elementos indispensáveis à verificação da sua situação tributária.

3 – Em caso de erro de facto ou de direito nas declarações dos contribuintes, estas podem ser substituídas:

a) Seja qual for a situação da declaração a substituir, se ainda decorrer o prazo legal da respectiva entrega;

b) Sem prejuízo da responsabilidade contra-ordenacional que ao caso couber, quando desta declaração resultar imposto superior ou reembolso inferior ao anteriormente apurado, nos seguintes prazos:

I) Nos 30 dias seguintes ao termo do prazo legal, seja qual for a situação da declaração a substituir;

II) Até ao termo do prazo legal de reclamação graciosa ou impugnação judicial do acto de liquidação, para a correcção de erros ou omissões imputáveis aos sujeitos passivos de que resulte imposto de montante inferior ao liquidado com base na declaração apresentada;

III) Até 60 dias antes do termo do prazo de caducidade, para a correcção de erros imputáveis aos sujeitos passivos de que resulte imposto superior ao anteriormente liquidado.

4 – Para efeitos de aplicação do disposto na subalínea II) da alínea *b)* do número anterior, a declaração de substituição deve ser apresentada no serviço local da área do domicílio fiscal do sujeito passivo.

5 – Nos casos em que os erros ou omissões a corrigir decorram de divergência entre o contribuinte e o serviço na qualificação de actos, factos ou documentos invocados, em declaração de substituição apresentada no prazo legal para a reclamação graciosa, com relevância para a liquidação do imposto ou de fundada dúvida sobre a existência dos referidos actos, factos ou documentos, o chefe de finanças deve convolar a declaração de substituição em reclamação graciosa da liquidação, notificando da decisão o sujeito passivo.

6 – Da apresentação das declarações de substituição não pode resultar a ampliação dos prazos de reclamação graciosa, impugnação judicial ou revisão do acto tributário, que seriam aplicáveis caso não tivessem sido apresentadas.

7 – Sempre que a entidade competente tome conhecimento de factos tributários não declarados pelo sujeito passivo e do suporte

probatório necessário, o procedimento de liquidação é instaurado oficiosamente pelos competentes serviços.

[Redacção dada pela Lei n.º 32-B/2002, de 30 de Dezembro, *Lei do Orçamento do Estado para 2003*]

I. Cfr. artigo 74.º do CPA; artigos 69.º e 75.º da LGT.

SECÇÃO II

Da decisão

ARTIGO 60.º

Definitividade dos actos tributários

Os actos tributários praticados por autoridade fiscal competente em razão da matéria são definitivos quanto à fixação dos direitos dos contribuintes, sem prejuízo da sua eventual revisão ou impugnação nos termos da lei.

I. Cfr., também, o comentário ao artigo 54.º deste Código.

II. Trata-se, aqui, de um (outro) pressuposto de recorribilidade do acto tributário: a **definitividade material** – para assumir que os actos de natureza tributária que fixam direitos dos contribuintes são, efectiva e definitivamente, definidores de situações jurídicas. E, como tal, reunidos que estejam os requisitos de definitividade horizontal (cfr. artigo 54.º deste Código) e vertical, estes actos podem ser impugnados contenciosamente.

SECÇÃO III

Dos juros indemnizatórios

ARTIGO 61.º

Juros indemnizatórios

1 – Os juros indemnizatórios serão liquidados e pagos no prazo de 90 dias contados a partir da decisão que reconheceu o respectivo direito ou do dia seguinte ao termo do prazo legal de restituição oficiosa do tributo.

2 – Se a decisão que reconheceu o direito a juros indemnizatórios for judicial, o prazo de pagamento conta-se a partir do início do prazo da sua execução espontânea.

3 – Os juros serão contados desde a data do pagamento do imposto indevido até à data da emissão da respectiva nota de crédito.

4 – Os juros indemnizatórios poderão ser reclamados ou impugnados autonomamente caso o pagamento do tributo seja efectuado após o termo dos prazos gerais de reclamação ou impugnação.

SECÇÃO V
Procedimentos próprios

ARTIGO 62.º
Acto de liquidação consequente

1 – Em caso de a fixação ou a revisão da matéria tributável dever ter lugar por procedimento próprio, a liquidação efectua-se de acordo com a decisão do referido procedimento, salvo em caso de esta violar manifestamente competências legais.

2 – A declaração da violação das referidas competências legais pode ser requerida pelo contribuinte ou efectuada pela administração tributária, sendo neste caso obrigatoriamente notificada ao contribuinte no prazo máximo de 15 dias após o termo do procedimento referido no número anterior.

ARTIGO 63.º
Aplicação das normas anti-abuso

1 – A liquidação dos tributos com base em quaisquer disposições antiabuso nos termos dos códigos e outras leis tributárias depende da abertura para o efeito de procedimento próprio.

2 – Consideram-se disposições antiabuso, para os efeitos do presente Código, quaisquer normas legais que consagrem a ineficácia perante a administração tributária de negócios ou actos jurídicos celebrados ou praticados com manifesto abuso das formas jurídicas de que resulte a eliminação ou redução dos tributos que de outro modo seriam devidos.

3 – O procedimento referido no número anterior pode ser aberto no prazo de três anos após a realização do acto ou da celebração do negócio jurídico objecto da aplicação das disposições antiabuso.

4 – A aplicação das disposições antiabuso depende da audição do contribuinte, nos termos da lei.

5 – O direito de audição será exercido no prazo de 30 dias após a notificação, por carta registada, do contribuinte, para esse efeito.

6 – No prazo referido no número anterior, poderá o contribuinte apresentar as provas que entender pertinentes.

7 – A aplicação das disposições antiabuso será prévia e obrigatoriamente autorizada, após a observância do disposto nos números anteriores, pelo dirigente máximo do serviço ou pelo funcionário em quem ele tiver delegado essa competência.

8 – As disposições não serão aplicáveis se o contribuinte tiver solicitado à administração tributária informação vinculativa sobre os factos que a tiverem fundamentado e a administração tributária não responder no prazo de seis meses.

9 – Salvo quando de outro modo resulte da lei, a fundamentação da decisão referida no n.º 7 conterá:

   a) A descrição do negócio jurídico celebrado ou do acto jurídico realizado e da sua verdadeira substância económica;
   b) A indicação dos elementos que demonstrem que a celebração do negócio ou prática do acto tiveram como fim único ou determinante evitar a tributação que seria devida em caso de negócio ou acto de substância económica equivalente;
   c) A descrição dos negócios ou actos de substância económica equivalente aos efectivamente celebrados ou praticados e das normas de incidência que se lhes aplicam.

10 – A autorização referida no n.º 7 do presente artigo é passível de recurso contencioso autónomo.

Artigo 64.º
Presunções

1 – O interessado que pretender ilidir qualquer presunção prevista nas normas de incidência tributária deverá para o efeito, caso não queira utilizar as vias da reclamação graciosa ou impugnação judicial de acto tributário que nela se basear, solicitar a abertura de procedimento contraditório próprio.

2 – O procedimento previsto no número anterior será instaurado no órgão periférico local da área do domicílio ou sede do contribuinte, da situação dos bens ou da liquidação, mediante petição do contribuinte dirigida àquele órgão, acompanhada dos meios de prova admitidos nas leis tributárias.

3 – A petição considera-se tacitamente deferida se não lhe for dada qualquer resposta no prazo de seis meses, salvo quando a falta desta for imputável ao contribuinte.

4 – Caso já tenham terminado os prazos gerais de reclamação ou de impugnação judicial do acto tributário, a decisão do procedimento previsto no presente artigo apenas produz efeitos para o futuro.

CAPÍTULO IV
Do reconhecimento dos benefícios fiscais

Artigo 65.º
Reconhecimento dos benefícios fiscais

1 – Salvo disposição em contrário e sem prejuízo dos direitos resultantes da informação vinculativa a que se refere o n.º 1 do artigo 57.º, o reconhecimento dos benefícios fiscais depende da iniciativa dos interessados, mediante requerimento dirigido especificamente a esse fim, o cálculo, quando obrigatório, do benefício requerido e a prova da verificação dos pressupostos do reconhecimento nos termos da lei.

2 – Os pedidos de reconhecimento serão apresentados nos serviços competentes para a liquidação do tributo a que se refere o benefício e serão instruídos de acordo com as normas legais que concedam os benefícios.

3 – O despacho de deferimento fixará as datas do início e do termo do benefício fiscal, dele cabendo recurso hierárquico do indeferimento nos termos do presente Código.

4 – Sem prejuízo das sanções contra-ordenacionais aplicáveis, a manutenção dos efeitos de reconhecimento do benefício dependem de o contribuinte facultar à administração fiscal todos os elementos necessários ao controlo dos seus pressupostos de que esta não disponha.

CAPÍTULO V
Dos recursos hierárquicos

Artigo 66.º
Interposição do recurso hierárquico

1 – Sem prejuízo do princípio do duplo grau de decisão, as decisões dos órgãos da administração tributária são susceptíveis de recurso hierárquico.

2 – Os recursos hierárquicos são dirigidos ao mais elevado superior hierárquico do autor do acto e interpostos, no prazo de 30 dias a contar da notificação do acto respectivo, perante o autor do acto recorrido.

3 – Os recursos hierárquicos devem, salvo no caso de revogação total do acto previsto no número seguinte, subir no prazo de 15 dias, acompanhados do processo a que respeite o acto ou, quando tiverem efeitos meramente devolutivos, com um seu extracto.

4 – No prazo referido no número anterior pode o autor do acto recorrido revogá-lo total ou parcialmente.

5 – Os recursos hierárquicos serão decididos no prazo máximo de 60 dias.

[Redacção dada pela Lei n.º 32-B/2002, de 30 de Dezembro, *Lei do Orçamento do Estado para 2003*]

I. Cfr. artigos 166.º a 169.º e 173.º a 175.º do CPA; artigos 57.º, 66.º e 80.º da LGT.

Artigo 67.º
Recurso hierárquico. Relações com o recurso contencioso

1 – Os recursos hierárquicos, salvo disposição em contrário das leis tributárias, têm natureza meramente facultativa e efeito devolutivo.

2 – Em caso de a lei atribuir ao recurso hierárquico efeito suspensivo, este limita-se à parte da decisão contestada.

I. Cfr. artigo 170.º do CPA; artigo 59.º/4 do CPTA.

II. *Vide* comentário ao artigo 60.º deste Código.

CAPÍTULO VI
Do procedimento de reclamação graciosa

Artigo 68.º
Procedimento de reclamação graciosa

1- O procedimento de reclamação graciosa visa a anulação total ou parcial dos actos tributários por iniciativa do contribuinte, incluindo, nos termos da lei, os substitutos e responsáveis.

2 – Não pode ser deduzida reclamação graciosa quando tiver sido apresentada impugnação judicial com o mesmo fundamento.

[Redacção dada pela Lei n.º 15/2001, de 5 de Junho, que "*Reforça as garantias do contribuinte e a simplificação processual, reformula a organização judiciária tributária e estabelece um novo regime geral para as infracções tributárias*"]

I. Cfr. artigos 161.º a 165.º do CPA.

II. *Vide* comentário ao artigo 60.º deste Código.

Artigo 69.º
Regras fundamentais

São regras fundamentais do procedimento de reclamação graciosa:

a) **Simplicidade de termos e brevidade das resoluções;**
b) **Dispensa de formalidades essenciais;**
c) **Inexistência do caso decidido ou resolvido;**
d) **Isenção de custas;**
e) **Limitação dos meios probatórios à forma documental e aos elementos oficiais de que os serviços disponham, sem prejuízo do direito de o órgão instrutor ordenar outras diligências complementares manifestamente indispensáveis à descoberta da verdade material;**
f) **Inexistência do efeito suspensivo, salvo quando for prestada garantia adequada nos termos do presente Código, a requerimento do contribuinte a apresentar com a petição, no prazo de 10 dias após a notificação para o efeito pelo órgão periférico local competente.**

Artigo 70.º
Fundamentos e prazo de reclamação graciosa

1 – A reclamação graciosa pode ser deduzida com os mesmos fundamentos previstos para a impugnação judicial e será apresentada no prazo fixado no n.º 1 do artigo 102.º.

2 – O prazo de reclamação graciosa será de um ano se o fundamento consistir em preterição de formalidades essenciais ou na inexistência, total ou parcial, do facto tributário.

3 – Considera-se que se verifica o fundamento da inexistência, total ou parcial, do facto tributário em caso de violação das normas de incidência tributária ou sobre o conteúdo de benefícios fiscais.

4 – Em caso de documento ou sentença superveniente, bem como de qualquer outro facto que não tivesse sido possível invocar nos prazos previstos nos números anteriores, estes contar-se-ão a partir da data em que se tornou possível ao reclamante obter o documento ou conhecer o facto.

5 – Se os fundamentos da reclamação graciosa constarem de documento público ou sentença, o prazo referido no número anterior suspende-se entre a solicitação e a emissão do documento e a instauração e a decisão da acção judicial.

6 – A reclamação graciosa é apresentada por escrito, podendo sê-lo oralmente em caso de manifesta simplicidade, caso em que será reduzida a termo nos serviços locais ou periféricos da administração tributária.

Artigo 71.º

Cumulação de pedidos

1 – Na reclamação graciosa poderá haver cumulação de pedidos quando o órgão instrutor entenda, fundamentadamente, não haver prejuízo para a celeridade da decisão.

2 – A cumulação de pedidos depende da identidade do tributo e do órgão competente para a decisão, bem como dos fundamentos de facto e de direito invocados.

Artigo 72.º

Coligação de reclamantes

1 – A reclamação graciosa poderá ser apresentada em coligação quando o órgão instrutor entenda fundamentadamente não haver prejuízo para a celeridade da decisão.

2 – A coligação depende da identidade do tributo e do órgão competente para a decisão, bem como dos fundamentos de facto e de direito invocados.

Artigo 73.º
Competência para a instauração e instrução do processo

1 – Salvo quando a lei estabeleça em sentido diferente, a reclamação graciosa será dirigida ao órgão periférico regional da administração tributária e entregue ou efectuada oralmente no serviço periférico local da área do domicílio ou sede do contribuinte, da situação dos bens ou da liquidação, que procederá à instrução, quando necessária.

2 – O órgão periférico local instaurará o processo, instruí-lo-á com os elementos ao seu dispor em prazo não superior a 90 dias e elaborará proposta fundamentada de decisão.

3 – Não haverá instrução, caso a entidade referida no número anterior disponha de todos os elementos necessários para a decisão.

4 – Caso o valor do processo não exceda o quíntuplo da alçada do tribunal tributário de 1.ª instância e a questão a resolver seja de manifesta simplicidade, o órgão periférico local decidirá de imediato após o fim da instrução, caso esta tenha tido lugar.

5 – Caso não se verifiquem as circunstâncias referidas no número anterior, o órgão periférico local remeterá de imediato a reclamação para o órgão competente para a decisão.

6 – O dirigente máximo do serviço poderá esclarecer genericamente os casos em que, em virtude da manifesta simplicidade da questão a resolver, o órgão periférico local deve resolver a reclamação.

[Redacção dada pela Lei n.º 15/2001, de 5 de Junho, que *"Reforça as garantias do contribuinte e a simplificação processual, reformula a organização judiciária tributária e estabelece um novo regime geral para as infracções tributárias"*]

Artigo 74.º
Apensação

1 – Se houver fundamento para a cumulação de pedidos ou para a coligação de reclamantes nos termos dos artigos 71.º e 72.º e o procedimento estiver na mesma fase, os interessados poderão requerer a sua apensação à reclamação apresentada em primeiro lugar.

2 – A apensação só terá lugar quando não houver prejuízo para a celeridade do procedimento de reclamação.

Artigo 75.º
Entidade competente para a decisão

1 – Salvo quando a lei estabeleça em sentido diferente, a entidade competente para a decisão da reclamação graciosa é, sem prejuízo do disposto nos n.ºs 4 e 6 do artigo 73. º, o dirigente do órgão periférico regional da área do domicílio ou sede do contribuinte, da situação dos bens ou da liquidação ou, não havendo órgão periférico regional, o dirigente máximo do serviço.

2 – A competência referida no número anterior poderá ser delegada pelo dirigente máximo do serviço ou pelo dirigente do órgão periférico regional em outros funcionários qualificados ou nos dirigentes dos órgãos periféricos locais, cabendo neste último caso ao imediato inferior hierárquico destes a proposta de decisão.

Artigo 76.º
Recurso hierárquico. Relações com o recurso contencioso

1 – Do indeferimento total ou parcial da reclamação graciosa cabe recurso hierárquico no prazo previsto no artigo 66. º, n.º 2, com os efeitos previstos no artigo 67.º, n.º 1.

2 – A decisão sobre o recurso hierárquico é passível de recurso contencioso, salvo se de tal decisão já tiver sido deduzida impugnação judicial com o mesmo objecto.

Artigo 77.º
Agravamento da colecta

1 – Nos casos em que a reclamação graciosa não seja condição da impugnação judicial e não existirem motivos que razoavelmente a fundamentem, a entidade competente para a decisão aplicará um agravamento graduado até 5% da colecta objecto do pedido, o qual será liquidado adicionalmente, a título de custas, pelo órgão periférico local do domicílio ou sede do reclamante, da situação dos bens ou da liquidação.

2 – Nos casos em que a reclamação graciosa seja condição de impugnação judicial, o agravamento só é exigível caso tenha sido julgada improcedente a impugnação judicial deduzida pelo reclamante.

3 – O agravamento pode ser objecto de impugnação autónoma com fundamento na injustiça da decisão condenatória.

CAPÍTULO VII
Da cobrança

SECÇÃO I
Disposições gerais

Artigo 78.º
Modalidades da cobrança

A cobrança das dívidas tributárias pode ocorrer sob as seguintes modalidades:
 a) Pagamento voluntário;
 b) Cobrança coerciva.

Artigo 79.º
Competência

A cobrança dos tributos é assegurada pelas entidades legalmente competentes e, em caso de serem periódicos, os respectivos prazos serão divulgados pela comunicação social.

SECÇÃO II
Das garantias da cobrança

Artigo 80.º
Citação para reclamação de créditos tributários

1 – Salvo nos casos expressamente previstos na lei, em processo de execução que não tenha natureza tributária são obrigatoriamente citados os chefes dos serviços periféricos locais da área do domicílio fiscal ou da sede do executado, dos seus estabelecimentos comerciais e industriais e da localização dos bens penhorados para apresentarem, no prazo de 15 dias, certidão de quaisquer dívidas de tributos à Fazenda Pública imputadas ao executado que possam ser objecto de reclamação de créditos, sob pena de nulidade dos actos posteriores à data em que a citação devia ter sido efectuada.

2 – Não havendo dívidas, a certidão referida no número anterior será substituída por simples comunicação através de ofício.

3 – As certidões referidas no n.º 1 serão remetidas, mediante recibo, ao respectivo representante do Ministério Público e delas deverão constar, além da natureza, montante e período de tempo de cada um dos tributos ou outras dívidas, a matéria tributável que produziu esse tributo ou a causa da dívida, a indicação dos artigos matriciais dos prédios sobre que recaiu, o montante das custas, havendo execução, e a data a partir da qual são devidos juros de mora.

4 – Da citação referida no n.º 1 deverá constar o número de identificação fiscal do executado.

[Redacção dada pela Lei n.º 109-B/2001, de 27 de Dezembro, *Lei do Orçamento do Estado para 2002*]

Artigo 81.º
Restituição do remanescente nas execuções

1 – O remanescente do produto de quaisquer bens vendidos ou liquidados em processo de execução ou das importâncias nele penhoradas poderá ser aplicado no prazo de 30 dias após a conclusão do processo para o pagamento de quaisquer dívidas tributárias de que o executado seja devedor à Fazenda Nacional e que não tenham sido reclamadas nem impugnadas.

2 – Findo o prazo referido no número anterior, o remanescente será restituído ao executado.

3 – No caso de ter havido transmissão do direito ao remanescente, deverá o interessado provar que está pago ou assegurado o pagamento do tributo que sobre ela recair.

Artigo 82.º
Trespasse de estabelecimento comercial ou industrial

1 – O notário que celebrar escritura do trespasse ou outro tipo de transmissão contratual relativa a estabelecimento comercial ou industrial exigirá previamente do cedente documento comprovativo da sua comunicação ao serviço periférico local da administração tributária da área da sua sede ou domicílio, feita com uma antecedência mínima de 30 dias e máxima de 60 relativamente à data da escritura.

2 – O disposto no número anterior não será aplicável se, antes da escritura, o transmitente apresentar ao notário certidão do serviço periférico local da residência, comprovativa da inexistência de quaisquer dívidas tributárias, emitida no prazo de 5 dias úteis após o pedido.

Artigo 83.º
Sociedades inactivas

1 – Independentemente do procedimento contra-ordenacional a que haja lugar, em caso de sociedades cuja declaração de rendimentos evidencie não desenvolverem actividade efectiva por período superior a 5 anos consecutivos, a administração tributária solicitará, nos 30 dias posteriores ao termo desse período, junto do representante do Ministério Público legalmente competente, que proponha a sua dissolução judicial.

2 – O disposto no número anterior aplica-se em caso de omissão durante todo esse período do dever de apresentação da declaração.

3 – Não se considera exercício da actividade, para efeitos do presente artigo, a mera emissão directa ou indirecta de facturas a utilizar por terceiros, sem que a causa da emissão tenha sido qualquer operação económica comprovada.

SECÇÃO III
Do pagamento voluntário

Artigo 84.º
Pagamento voluntário

Constitui pagamento voluntário de dívidas de impostos e demais prestações tributárias o efectuado dentro do prazo estabelecido nas leis tributárias.

Artigo 85.º
Prazos. Proibição da moratória e da suspensão da execução

1 – Os prazos de pagamento voluntário dos tributos são regulados nas leis tributárias.

2 – Nos casos em que as leis tributárias não estabeleçam prazo de pagamento, este será de 30 dias após a notificação para pagamento efectuada pelos serviços competentes.

3 – A concessão da moratória ou a suspensão da execução fiscal fora dos casos previstos na lei, quando dolosas, são fundamento de responsabilidade tributária subsidiária.

4 – A responsabilidade subsidiária prevista no número anterior depende de condenação disciplinar ou criminal do responsável.

Artigo 86.º
Termo do prazo de pagamento voluntário. Pagamentos por conta

1 – Findo o prazo de pagamento voluntário, começarão a vencer-se juros de mora nos termos das leis tributárias.

2 – O contribuinte pode, a partir do termo do prazo de pagamento voluntário, requerer o pagamento em prestações nos termos das leis tributárias.

3 – Sem prejuízo do disposto no número anterior, poderá ser requerido à entidade competente para a apreciação do pedido na execução fiscal, a partir do início do prazo do pagamento voluntário, o pagamento em prestações, no âmbito e nos termos previstos em processo conducente à celebração de acordo de recuperação dos créditos do Estado.

4 – Antes da extracção da certidão de dívida, nos termos e para efeitos do artigo 88.º, pode o contribuinte efectuar um pagamento por conta de dívidas por tributos constantes das notas de cobrança, desde que se verifiquem cumulativamente as seguintes condições:

   a) Ter sido deduzida reclamação graciosa ou impugnação judicial da liquidação, apresentado pedido de revisão oficiosa da liquidação do tributo com fundamento em erro imputável aos serviços ou apresentada declaração de substituição de cuja liquidação resulte imposto inferior ao inicialmente liquidado;

   b) Abranger o pagamento por conta a parte da colecta que não for objecto de reclamação graciosa ou impugnação judicial.

5 – O pagamento por conta deve ser solicitado à entidade competente para a instauração de processo de execução fiscal.

6 – Aos pagamentos por conta previstos no presente artigo aplica-se, com as necessárias adaptações, o disposto aos pagamentos por conta na execução fiscal.

7 – No caso de recurso hierárquico com efeito suspensivo da liquidação, o contribuinte deve proceder ao pagamento da liquidação, com base na matéria tributável não contestada , no prazo do pagamento voluntário, sob pena de ser instaurado, quanto a àquela, o respectivo processo de execução fiscal.

[Redacção dada pela Lei n.º 109-B/2001, de 27 de Dezembro, *Lei do Orçamento do Estado para 2002*]

Artigo 87.º
Dação em pagamento antes da execução fiscal

1 – A dação em pagamento antes da instauração do processo de execução fiscal só é admissível no âmbito de processo conducente à celebração de acordo de recuperação de créditos do Estado.

2 – O requerimento da dação em pagamento pode ser apresentado a partir do início do prazo do pagamento voluntário e é dirigido ao ministro ou órgão executivo de que dependa a administração tributária, que decidirá, ouvidos os serviços competentes, designadamente sobre o montante da dívida e acrescido e os encargos que incidam sobre os bens.

3 – A aceitação da dação, em caso de dívidas a diferentes administrações tributárias, poderá ser efectuada por despacho conjunto dos ministros competentes e órgãos executivos, que deverá discriminar o montante aplicado no pagamento das dívidas existentes, sem prejuízo do direito de o contribuinte solicitar a revisão dos critérios utilizados.

4 – À dação em pagamento efectuada nos termos do presente artigo aplicam-se os requisitos materiais ou processuais da dação em pagamento na execução fiscal, com as necessárias adaptações.

5 – Salvo se já tiver sido instaurado processo de execução fiscal em que se efectua por auto no processo, a dação em pagamento efectua-se por auto no procedimento previsto no presente artigo.

6 – O pedido de dação em pagamento não suspende a cobrança da obrigação tributária.

7 – As despesas de avaliação entram em regra de custas do procedimento de dação em pagamento, salvo se já tiver sido instaurado processo de execução fiscal, caso em que serão consideradas custas deste processo.

Artigo 88.º
Extracção das certidões de dívida

1 – Findo o prazo de pagamento voluntário estabelecido nas leis tributárias, será extraída pelos serviços competentes certidão de dívida com base nos elementos que tiverem ao seu dispor.

2 – As certidões de dívida serão assinadas e autenticadas e conterão, sempre que possível e sem prejuízo do disposto no presente Código, os seguintes elementos:

a) Identificação do devedor, incluindo o número fiscal de contribuinte;
b) Descrição sucinta, situações e artigos matriciais dos prédios que originaram as colectas;
c) Estabelecimento, local e objecto da actividade tributada;
d) Número dos processos;
e) Proveniência da dívida e seu montante;
f) Número do processo de liquidação do tributo sobre a transmissão, identificação do transmitente, número e data do termo da declaração prestada para a liquidação;
g) Rendimentos que serviram de base à liquidação, com indicação das fontes, nos termos das alíneas *b)* e *c)*;
h) Nomes e moradas dos administradores ou gerentes da empresa ou sociedade executada;
i) Nomes e moradas das entidades garantes da dívida e tipo e montante da garantia prestada;
j) Nomes e moradas de outras pessoas solidária ou subsidiariamente responsáveis;
k) Quaisquer outras indicações úteis para o eficaz seguimento da execução.

3 – A assinatura das certidões de dívida poderá ser efectuada por chancela ou outro meio de reprodução devidamente autorizado por quem as emitir, podendo a autenticação ser efectuada por aposição do selo branco ou, mediante prévia autorização do membro do Governo competente, por qualquer outra forma idónea de identificação da assinatura e do serviço emitente.

4 – As certidões de dívida servirão de base à instauração do processo de execução fiscal a promover pelos órgãos periféricos locais, nos termos do título IV.

5 – A extracção das certidões de dívidas poderá ser cometida, pelo órgão dirigente da administração tributária, aos serviços que disponham dos elementos necessários para essa actividade.

Artigo 89.º

Compensação de dívidas de tributos por iniciativa
da administração tributária

1 – Os créditos do executado resultantes de reembolso, revisão oficiosa, reclamação graciosa ou impugnação judicial de qualquer acto tributário são obrigatoriamente aplicados na compensação das

Artigo 89.º

suas dívidas à mesma administração tributária, salvo se pender reclamação graciosa, impugnação judicial, recurso judicial ou oposição à execução da dívida exequenda ou esta esteja a ser paga em prestações, devendo a dívida exequenda mostrar-se garantida nos termos deste Código.

2 – Quando a importância do crédito for insuficiente para o pagamento da totalidade das dívidas e acrescido, o crédito é aplicado sucessivamente no pagamento dos juros de mora, de outros encargos legais e do capital da dívida, aplicando-se o disposto no n.º 3 do artigo 262.º

3 – A compensação efectua-se entre tributos administrados pela mesma entidade pela seguinte ordem de preferência:

a) Com dívidas da mesma proveniência e, se respeitarem a impostos periódicos, relativas ao mesmo período de tributação;
b) Com dívidas da mesma proveniência e, se respeitarem a impostos periódicos, respeitantes a diferentes períodos de tributação;
c) Com dívidas provenientes de tributos retidos na fonte ou legalmente repercutidos a terceiros e não entregues;
d) Com dívidas provenientes de outros tributos, com excepção dos que constituam recursos próprios comunitários, que apenas serão compensados entre si.

4 – Se o crédito for insuficiente para o pagamento da totalidade das dívidas, dentro da mesma hierarquia de preferência, esta efectua-se segundo a seguinte ordem:

a) Com as dívidas mais antigas;
b) Dentro das dívidas com igual antiguidade, com as de maior valor;
c) Em igualdade de circunstâncias, com qualquer das dívidas.

5 – No caso de já estar instaurado processo de execução fiscal, a compensação é efectuada através da emissão de título de crédito destinado a ser aplicado no pagamento da dívida exequenda e acrescido.

6 – Verificando-se a compensação referida nos números anteriores, os acréscimos legais serão devidos até à data da compensação ou, se anterior, até à data limite que seria de observar no reembolso do crédito se o atraso não for imputável ao contribuinte.

7 – O ministro ou órgão executivo de que dependa a administração tributária pode proceder à regulamentação do disposto no presente artigo que se mostre necessária.

ARTIGO 90.º
Compensação por iniciativa do contribuinte

1 – A compensação com créditos tributários pode ser efectuada nos termos e condições do artigo anterior a pedido do contribuinte, ainda que não tenha terminado o prazo de pagamento voluntário.

2 – A compensação com créditos tributários de que seja titular qualquer outra pessoa singular ou colectiva pode igualmente ser efectuada nas mesmas condições do número anterior, desde que o devedor os ofereça e o credor expressamente aceite.

3 – A compensação referida nos números anteriores é requerida ao dirigente máximo da administração tributária, devendo o devedor apresentar com o requerimento prova do consentimento do credor.

4 – A compensação com créditos sobre o Estado de natureza não tributária de que o contribuinte seja titular pode igualmente ser efectuada em processo de execução fiscal se a dívida correspondente a esses créditos for certa, líquida e exigível e tiver cabimento orçamental.

5 – A compensação referida no n.º 4 depende de reconhecimento, por despacho conjunto do ministro de que depende o serviço devedor e do Ministro das Finanças, de que a dívida é certa, líquida e exigível e tem cabimento orçamental.

6 – No processamento subsequente da despesa proceder-se-á à retenção da importância objecto de compensação.

SECÇÃO IV
Das formas e meios de pagamento

ARTIGO 91.º
Condições da sub-rogação

1 – Para beneficiar dos efeitos da sub-rogação, o terceiro que pretender pagar antes de instaurada a execução requerê-lo-á ao dirigente do serviço periférico local da administração tributária competente, que decidirá no próprio requerimento, caso se prove o interesse legítimo ou a autorização do devedor, indicando o montante da dívida a pagar e respectivos juros de mora.

2 – Se estiver pendente a execução, o pedido será feito ao órgão competente, e o pagamento, quando autorizado, compreenderá a quantia exequenda acrescida de juros de mora e custas.

3 – O pagamento, com sub-rogação, requerido depois da venda dos bens só poderá ser autorizado pela quantia que ficar em dívida.

4 – O despacho que autorizar a sub-rogação será notificado ao devedor e ao terceiro que a tiver requerido.

ARTIGO 92.º

Sub-rogação. Garantias

1 – A dívida paga pelo sub-rogado conserva as garantias, privilégios e processo de cobrança e vencerá juros pela taxa fixada na lei civil, se o sub-rogado o requerer.

2 – O sub-rogado pode requerer a instauração ou o prosseguimento da execução fiscal para cobrar do executado o que por ele tiver pago, salvo tratando-se de segunda sub-rogação.

ARTIGO 93.º

Documentos, conferências e validação dos pagamentos

1 – Os devedores de tributos de qualquer natureza apresentarão no acto de pagamento, relativamente às liquidações efectuadas pelos serviços da administração tributária, o respectivo documento de cobrança ou, nos restantes casos, a guia de pagamento oficial ou título equivalente.

2 – Os pagamentos de dívidas que se encontrem na fase da cobrança coerciva serão efectuados através de guia ou título de cobrança equivalente previamente solicitado ao órgão competente.

3 – As entidades intervenientes na cobrança deverão exigir sempre a inscrição do número fiscal do devedor nos documentos referidos no número anterior e comprovar a exactidão da inscrição por conferência com o respectivo cartão que, para o efeito, será exibido ou por conferência com o constante dos registos dos serviços para esse devedor cuja identidade será provada pelo documento legal adequado.

ARTIGO 94.º

Prova de pagamento

1 – No acto do pagamento, a entidade interveniente na cobrança entregará ao interessado documento comprovativo.

2 – Constituirá prova bastante do pagamento do tributo nos termos do número anterior a declaração bancária confirmativa, quando o tributo tenha sido pago por cheque ou transferência de conta.

Artigo 95.º
Cobrança de receitas não liquidadas
pela administração tributária

1 – As guias relativas a receitas cuja liquidação não seja da competência dos serviços da administração tributária e que estes devam nos termos da lei coercivamente cobrar serão remetidas ao órgão da execução fiscal do domicílio ou sede do devedor.

2 – O órgão referido no número anterior mandará notificar o devedor, por carta registada com aviso de recepção, para, no prazo de 30 dias a contar da notificação, efectuar o pagamento.

3 – Decorrido o prazo sem que o pagamento tenha sido efectuado, será extraída certidão de dívida para efeitos de cobrança coerciva.

TÍTULO III
Do Processo Judicial Tributário

CAPÍTULO I
Disposições gerais

SECÇÃO I
Da natureza e forma de processo judicial tributário

Artigo 96.º
Objecto

1- O processo judicial tributário tem por função a tutela plena, efectiva e em tempo útil dos direitos e interesses legalmente protegidos em matéria tributária

2 – Para cumprir em tempo útil a função que lhe é cometida pelo número anterior, o processo judicial tributário não deve ter duração acumulada superior a dois anos contados entre a data da respectiva instauração e a da decisão proferida em 1.ª instância que lhe ponha termo.

3 – O prazo referido no número anterior deverá ser de 90 dias relativamente aos processos a que se referem as alíneas *g)*, *i)*, *j)*, *l)* e *m)* do artigo seguinte.

[Redacção dada pela Lei n.º 15/2001, de 5 de Junho, que "*Reforça as garantias do contribuinte e a simplificação processual, reformula a organização judiciária tributária e estabelece um novo regime geral para as infracções tributárias*"]

I. Cfr. artigo 2.º, n.º 1, do CPTA; artigo 101.º da LGT.

Artigo 97.º
Processo judicial tributário

1 – O processo judicial tributário compreende:

a) A impugnação da liquidação dos tributos, incluindo os parafiscais e os actos de autoliquidação, retenção na fonte e pagamento por conta;

b) A impugnação da fixação da matéria tributável, quando não dê origem à liquidação de qualquer tributo;

c) A impugnação do indeferimento total ou parcial das reclamações graciosas dos actos tributários;

d) A impugnação dos actos administrativos em matéria tributária que comportem a apreciação da legalidade do acto de liquidação;

e) A impugnação do agravamento à colecta aplicado, nos casos previstos na lei, em virtude da apresentação de reclamação ou recurso sem qualquer fundamento razoável;

f) A impugnação dos actos de fixação de valores patrimoniais;

g) A impugnação das providências cautelares adoptadas pela administração tributária;

h) As acções para o reconhecimento de um direito ou interesse em matéria tributária;

i) As providências cautelares de natureza judicial;

j) Os meios acessórios de intimação para consulta de processos ou documentos administrativos e passagem de certidões;

l) A produção antecipada de prova;

m) A intimação para um comportamento;

n) O recurso, no próprio processo, dos actos praticados na execução fiscal;

o) A oposição, os embargos de terceiros e outros incidentes e a verificação e graduação de créditos;

p) O recurso contencioso do indeferimento total ou parcial ou da revogação de isenções ou outros benefícios fiscais, quando dependentes de reconhecimento da administração tributária, bem como de outros actos administrativos relativos a ques-

tões tributárias que não comportem apreciação da legalidade do acto de liquidação;
q) Outros meios processuais previstos na lei.

2 – O recurso contencioso dos actos administrativos em matéria tributária, que não comportem a apreciação da legalidade do acto de liquidação, da autoria da administração tributária, compreendendo o governo central, os governos regionais e os seus membros, mesmo quando praticados por delegação, é regulado pelas normas sobre processo nos tribunais administrativos.

3 – São também regulados pelas normas sobre processo nos tribunais administrativos os conflitos de competências entre tribunais tributários e tribunais administrativos e entre órgãos da administração tributária do governo central, dos governos regionais e das autarquias locais.

I. Este preceito, dispondo relativamente aos diversos meios processuais compreendidos no processo judicial tributário, acaba por centra-se em torno de três vias processuais principais: a impugnação judicial, o recurso contencioso e a acção para o reconhecimento de um direito ou interesse em matéria tributária.

Sem procurar aqui apurar, de forma exaustiva ou detalhada, a natureza jurídica de cada uma destas figuras, é vital estabelecer o (actual) quadro jurídico de inter-relacionamento, e crucial propor um novo edifício processual, tendo a reforma do processo administrativo como referente.

II. A primeira questão que se coloca, premente à luz da reforma do contencioso administrativo, prende-se com a *articulação entre a impugnação judicial e o recurso contencioso*.

O recurso contencioso será o meio processual adequado nos casos previstos no n.º 1 al. p), e no n.º 2 deste preceito. No essencial, o recurso contencioso será o meio de reacção contenciosa adequado perante actos administrativos em matéria tributária viciados, mas cujo vício não implique a apreciação da legalidade do acto de liquidação. Salienta Lopes de Sousa que do artigo 97.º, n.º 2 *"resulta claramente que, nos casos em que o acto a impugnar é um acto de liquidação ou um acto que comporta a apreciação da legalidade de um acto de liquidação (acto de indeferimento de reclamação graciosa ou de recurso hierárquico interposto da decisão que aprecie o acto de apreciação de pedido de revisão oficiosa, nos termos do artigo 78.º da LGT) o meio adequado é o processo de impugnação"* [26].

---

[26] Ob. cit. pág. 426.

Parece, então, existir uma correspondência entre o conceito de acto tributário *stricto sensu* e a impugnação judicial, assim como entre acto administrativo em matéria tributária (que não comporte a apreciação da legalidade de um acto de liquidação) e recurso contencioso. No fundo e em parte, a questão reconduz-se à conceptualização estrutural do contencioso tributário, que distingue actos tributários de actos administrativos em matéria tributária.

O conceito de acto tributário foi inicialmente desenvolvido por Alberto Xavier, no domínio do regime do CPCI, em 1972, definindo-o como "*o acto de aplicação de uma norma tributária material praticado por um órgão da Administração*" [27]. Hoje, essa centralidade transferiu-se do acto tributário para o conceito de relação jurídico-tributária (cfr. artigo 1.º, n.º 2 da LGT), coincidindo essa deslocação com o alargamento da gama de meios processuais ao dispor do contribuinte. No entanto, o acto tributário continua a assumir um papel (muito) relevante no processo tributário. Apesar de o contribuinte ser, actualmente, o aplicador da lei fiscal por excelência, tal "*autonomia das situações tributárias em relação à Administração tributária não impede que esta (...) tome a cargo a função de realizar tal aplicação*" [28].

Ainda que o acto tributário tenha na sua origem primária, a mais das vezes, os procedimentos do contribuinte, é a Administração tributária que atribui juridicidade à situação tributária daquele. Desta forma, se o acto tributário tal como pensado por Alberto Xavier correspondia essencialmente aos actos de liquidação administrativa dos impostos, o acto tributário tal como desenhado hoje pela LGT e pelo CPPT abarca um conjunto mais vasto de realidades:

a) os actos tributários em sentido estrito: actos de liquidação dos tributos;

b) os actos em matéria tributária, que se subdividem nos actos em matéria tributária em sentido estrito (actos preparatórios) e os actos administrativos relativos a questões tributárias, aproveitando a estes diferentes tipos consequências distintas em termos de contencioso tributário.

Estes últimos integram o conceito de acto administrativo plasmado no artigo 120.º do CPA, são praticados em sede de relações jurídico-tributárias através dos quais se concluem procedimentos diversos e autónomos do procedimento que culmina (ou termina) no acto tributário ou acto de liquidação de imposto [29].

Assim, o entendimento subjacente a esta aparente correspondência tem por base, por um lado, o carácter especial ou próprio do contencioso tributário e da impugnação judicial, bem como, por outro lado, a inserção dos actos administrativos em matéria tributária no conceito de acto administrativo e como

---

[27] *Conceito e Natureza do Acto Tributário*, Livraria Almedina, Coimbra, 1972, pág. 51 e segs.

[28] VÍTOR FAVEIRO, *O Estatuto do Contribuinte*, Coimbra Editora, 2002, pág. 659.

[29] Sobre esta distinção, *vide* CASALTA NABAIS, ob. cit., pág. 355 e segs.

tal sujeito às regras do contencioso administrativo. A questão situa-se, então, no âmbito da relação entre o direito fiscal e o direito administrativo: sendo aquele um sub-ramo deste, esta forma de relacionamento estende-se ao processo tributário e ao processo administrativo.

Esta correspondência não será, todavia, perfeita, na medida em que a impugnação judicial, sendo a regra no contencioso tributário – uma vez que o acto de liquidação é ainda o grande paradigma do direito fiscal –, será o meio processual apto a desencadear a apreciação judicial de actos administrativos em matéria tributária sempre que resulte da lei tal aptidão. Se assim não fosse, e mais uma vez com Lopes de Sousa, não faria sentido a utilização do termo *"impugnação"* em relação aos actos de fixação da matéria colectável, de agravamento da colecta, de fixação de valores patrimoniais, de providências cautelares adoptadas pela Administração [al. *b), e), f)* e *g)*, do n.º 1 do preceito que ora se comenta]. Salienta o autor que, *"relativamente a estes actos que não comportam a apreciação de legalidade de actos de liquidação, será de empregar o processo de impugnação quando a lei utiliza a expressão "impugnação" e será de utilizar o recurso contencioso em todos os outros"* [30].

III. Por seu turno, o relacionamento entre a **impugnação judicial e a acção para o reconhecimento de direito ou interesse em matéria tributária** não foge a reparos. Desde logo porque esta só poderá ser proposta quando este for o meio *"mais adequado para assegurar uma tutela plena, eficaz e efectiva do direito ou interesse legalmente protegido"* – embora deva ser proposta sempre que esta seja a situação (artigo 145.º, n.º 2 deste Código).

Dir-se-ia, num primeiro momento, que a articulação entre os dois meios processuais vive da correspondência entre a impugnação judicial e o contencioso dos actos (tributários); e entre a acção para o reconhecimento de direitos e o contencioso de plena jurisdição, tutelando situações jurídicas em que o acto tributário não marca presença – o simples reconhecimento de um direito será o escopo de actuação prototípico desta acção. Esta ideia cai por terra se pensarmos nas inúmeras situações em que a propositura da acção é a via adequada e aceite (na doutrina e na jurisprudência) para a tutela da posição jurídica do contribuinte. Se, no entanto, concentrarmos atenções na distinção entre efeitos anulatórios e efeitos condenatórios das sentenças emitidas em sede de contencioso tributário, esse será o primeiro patamar deste esforço de articulação. Tese que recolhe fundamentos e validade histórica.

IV. Ora, esta modelação triangular do processo tributário, concernente à sua gama de meios principais, não fazia já qualquer sentido no escopo comparativo entre a LGT/CPPT e a LPTA. Menos sentido fará nos dias de hoje, quando o elemento de comparação, no processo administrativo, evolui para o CPTA.

---

[30] Ob. cit., pág. 426.

É certo que o contencioso tributário tem vindo a absorver os debates doutrinários e jurisprudênciais em torno de temáticas de natureza processual e substancial fundamentais, que se têm desenvolvido sob a égide do processo administrativo – resultando daqui um conjunto de normas legais, interpretações doutrinárias e decisões da jurisprudência muito mais aptos a tutelar de forma efectiva a posição processual dos administrados-contribuintes, sem com isso descurar a posição da Administração. A título de exemplo, veja-se o carácter via de regra facultativo da impugnação administrativa prévia, no seio do bloco normativo LGT/CPPT. Ainda assim, dispondo de um meio impugnatório de actos próprio, o contencioso tributário mantinha-se cativo do recurso contencioso da LPTA que, em muitos aspectos, se revelava menos operativo e até menos conforme ao principio da tutela efectiva do que a impugnação judicial – atente-se no regime da produção de prova no âmbito de um e de outra.

Com a entrada em vigor do CPTA, o contencioso administrativo agiliza-se, concebendo um processo de duas formas, promotora integra da efectivação da tutela jurisdicional. O ordenamento processual administrativo concentra-se agora em torno da acção administrativa comum e da acção administrativa especial. O recurso contencioso foi absorvido por esta, com inúmeras alterações de regime.

Pese embora represente uma mudança para melhor, com esta reforma mantém-se o sistema de duplicação dos meios, em sede de contencioso tributário dos actos – agora impugnação/acção especial. O que não deixa de ser extremamente curioso, pois a acção especial representa o grau último da subjectivização do contencioso de mera anulação: hoje, a Administração é condenada na prática de actos devidos, em sede de acção especial (o que, ao menos tendencialmente, só acontecerá no seio do contencioso tributário em sede de acção para o reconhecimento de direitos). Por outro lado, os regimes dos dois meios aproximam-se, *quiçá* anunciando a hora de abandonar definitivamente o acto de liquidação como paradigma do direito (processual) tributário, substituído pela relação jurídico-tributária.

Repare-se, em suma na estruturação actual do nosso processo tributário:

a) o processo de impugnação judicial é a sede própria para obter a anulação de actos tributários *stricto sensu*, bem como, em determinadas situações, a condenação da Administração (*v. g.* a par da anulação de um acto tributário, pode o contribuinte pedir a condenação da Administração no pagamento de juros indemnizatórios [31]);

---

[31] Esta possibilidade encontra-se pressuposta no artigo 43.º da LGT: "*1 – São devidos juros indemnizatórios quando se determine, em reclamação graciosa ou impugnação judicial, que houve erro imputável aos serviços de que resulte pagamento da dívida tributária em montante superior ao legalmente devido*". Esta disposição pressupõe, como aponta LOPES DE SOUSA, "*que nesse processo seja admissível a formulação de um pedido de condenação em juros ou, pelo menos, de declaração de existência de um erro imputável aos serviços*" [ob. cit., pág. 470, nota (661)].

b) a acção especial administrativa do CPTA regula os litígios emergentes *"do indeferimento total ou parcial ou da revogação de isenções ou outros benefícios fiscais, quando dependentes de reconhecimento da administração tributária, bem como de outros actos administrativos relativos a questões tributárias que não comportem a apreciação da legalidade do acto de liquidação"* – note-se a discrepância: o indeferimento tácito foi banido do CPTA que, aparentemente, derrogou de forma parcial o artigo 109.º do CPA, surgindo o pedido de condenação na prática do acto devido em sede de acção especial;

c) a acção para o reconhecimento de direito ou interesse em matéria tributária, de carácter iminentemente declarativo e condenatório – e que, ao menos em tese, se vê privada das suas capacidades condenatórias na prática de actos, uma vez que a acção especial do CPTA dispõe de um regime próprio destinado a obter esse tipo de decisões dos tribunais (valendo, pelo menos, para os actos administrativos em matéria tributária *devidos*).

V. A reforma do contencioso administrativo, mais do que a actualização e concretização de parâmetros constitucionalmente definidos, corporiza a opção por um determinado modelo processual, de simplicidade, celeridade e consagração de mecanismos e regras que, reconhecidas as diferenças existentes, aproximam o processo administrativo da ideia de igualdade das partes.

Enquanto opção, e dada a conexão genética entre contencioso administrativo e contencioso tributário, atendidas as especificidades deste, deverá adaptar-se o modelo procedimental e processual tributário em vigor ao modelo escolhido nesta reforma recente, que culminou na aprovação da CPTA e de um novo ETAF.

Dada a sua vocação de domínio entre a gama de meios processuais tributários, a impugnação judicial deverá assumir-se como o meio por excelência do contencioso dos actos tributários *amplo sensu*: actos de liquidação (actos tributários *stricto sensu*); actos preparatórios e prévios de actos tributários *stricto sensu* destacáveis ou autonomizáveis do respectivo procedimento tributário para efeitos impugnatórios (actos em matéria tributária); actos administrativos praticados em sede de relações jurídico-tributárias através dos quais se concluem procedimentos diversos e autónomos do procedimento que culmina no acto de liquidação do tributo (actos administrativos relativos a questões tributárias). Acabaria, desta forma, a remissão para o CPTA, num momento histórico em que a convocatória do processo administrativo não faz qualquer sentido. Esta *assunção de poderes* da acção impugnatória tributária deverá passar, inevitavelmente, pela desmontagem jurídica do indeferimento tácito, reconhecendo-se nesta sede a possibilidade de obter a condenação da Administração na prática do acto devido – no fundo, parte do âmbito actual da acção para o reconhecimento de direitos diluir-se-á aqui.

Por seu turno, para a tutela de situações jurídico-tributárias relacionadas com outras formas de actuação administrativa que não o acto tributário, ou em que, pura e simplesmente, não exista acto, o contencioso tributário deve acolher uma acção declarativa, semelhante à acção administrativa comum, contemplando pedidos de reconhecimento, de condenação e mesmo, verificados os devidos pressupostos, de substituição (*v.g.* os processos que, no seio do contencioso tributário, têm por objecto situações de enriquecimento sem causa da administração, seguem a forma de acção para o reconhecimento de direito; no CPTA, seguem a forma de acção administrativa comum [artigo 37.º, n.º 2, al. i)]).

Este quadro não ficará completo caso não contemple, de forma ampla, a possibilidade de cumulação de pedidos, ainda que tal cumulação envolva a embricação das duas formas de processo (cfr. comentário ao artigo 104.º deste Código).

Sem prejuízo de, neste quadro, coexistirem outros meios processuais, *maxime* urgentes – cfr. artigos 146.º-A a 146.º-C deste Código – bem como um regime de tutela cautelar ágil e dinâmico – predicados antónimos do regime actualmente previsto no artigo 146.º –, a par de um esquema de execução de sentenças que iguale, em sede de tutela executiva, a posição do contribuinte quando obtém uma decisão judicial favorável oponível à Administração, face à tutela executiva de que a Administração é destinatária, no âmbito do processo de execução fiscal.

Em conclusão: o modelo (mais do que de adaptação) de aproximação que propomos parte da multiplicação dos deveres dos contribuintes no cumprimento das suas obrigações fiscais, bem como da amplitude de comportamentos possíveis por parte da Administração tributária, na medida em que "*o contencioso tributário só pode conceder uma tutela efectiva aos interesses legítimos do contribuinte se dispuser dos poderes* (e os meios) *necessários para a descoberta da verdade material e para a tomada de decisões que, pondo fim ao processo, resolvam tudo aquilo que o Tribunal pode resolver*"[32] – o que sustenta, integralmente, uma reestruturação do nosso processo tributário.

SECÇÃO II
Das nulidades do processo judicial tributário

ARTIGO 98.º
Nulidades insanáveis

1 – São nulidades insanáveis em processo judicial tributário:
a) **A ineptidão da petição inicial;**
b) **A falta de informações oficiais referentes a questões de conhecimento oficioso no processo;**
c) **A falta de notificação do despacho que admitir o recurso aos interessados, se estes não alegarem.**

---

[32] SALDANHA SANCHES, "O contencioso tributário como contencioso de plena jurisdição", *Fiscalidade*, n.º 7/8, Julho-Outubro, 2001, pág. 71.

2 – As nulidades referidas no número anterior podem ser oficiosamente conhecidas ou deduzidas a todo o tempo, até ao trânsito em julgado da decisão final.

3 – As nulidades dos actos têm por efeito a anulação dos termos subsequentes do processo que deles dependam absolutamente, devendo sempre aproveitar-se as peças úteis ao apuramento dos factos.

4 – Em caso de erro na forma do processo, este será convolado na forma do processo adequada, nos termos da lei.

5 – Sem prejuízo dos demais casos de regularização da petição, esta pode ser corrigida a convite do tribunal em caso de errada identificação do autor do acto impugnado, salvo se o erro for manifestamente indesculpável.

I. Cfr. artigo 89.º do CPTA; artigo 97.º/3 da LGT.

CAPÍTULO II
Do processo de impugnação

SECÇÃO I
Disposições gerais

Artigo 99.º
Fundamentos da impugnação

Constitui fundamento de impugnação qualquer ilegalidade, designadamente:

a) Errónea qualificação e quantificação dos rendimentos, lucros, valores patrimoniais e outros factos tributários;
b) Incompetência;
c) Ausência ou vício da fundamentação legalmente exigida;
d) Preterição de outras formalidades legais.

I. Cfr. artigos 50.º e 51.º do CPA.

Artigo 100.º
Dúvida sobre o facto tributário. Utilização de métodos indirectos

1 – Sempre que da prova produzida resulte a fundada dúvida sobre a existência e quantificação do facto tributário, deverá o acto impugnado ser anulado.

2 – Em caso de quantificação da matéria tributável por métodos indirectos não se considera existir dúvida fundada, para efeitos do número anterior, se o fundamento da aplicação daqueles consistir na inexistência ou desconhecimento, por recusa de exibição, da contabilidade ou escrita e de mais documentos legalmente exigidos ou a sua falsificação, ocultação ou destruição, ainda que os contribuintes invoquem razões acidentais.

3 – O disposto no número anterior não prejudica a possibilidade de na impugnação judicial o impugnante demonstrar erro ou manifesto excesso na matéria tributável quantificada.

[Redacção dada pela Lei n.º 3-B/2000 de 4 de Abril, *Lei do Orçamento do Estado para 2001*, com produção de efeitos desde 01/01/2000]

Artigo 101.º
Arguição subsidiária de vícios

O impugnante pode arguir os vícios do acto impugnado segundo uma relação de subsidiariedade.

I. Cfr. artigo 95.º do CPTA.

SECÇÃO II
Da petição

Artigo 102.º
Impugnação judicial. Prazo de apresentação

1 – A impugnação será apresentada no prazo de 90 dias contados a partir dos factos seguintes:

a) Termo do prazo para pagamento voluntário das prestações tributárias legalmente notificadas ao contribuinte;
b) Notificação dos restantes actos tributários, mesmo quando não dêem origem a qualquer liquidação;
c) Citação dos responsáveis subsidiários em processo de execução fiscal;
d) Formação da presunção de indeferimento tácito;
e) Notificação dos restantes actos que possam ser objecto de impugnação autónoma nos termos deste Código;
f) Conhecimento dos actos lesivos dos interesses legalmente protegidos não abrangidos nas alíneas anteriores.

2 – Em caso de indeferimento de reclamação graciosa, o prazo de impugnação será de 15 dias após a notificação.

3 – Se o fundamento for a nulidade, a impugnação pode ser deduzida a todo o tempo.

4 – O disposto neste artigo não prejudica outros prazos especiais fixados neste Código ou noutras leis tributárias.

I. Cfr. artigo 58.º do CPTA.

Artigo 103.º
Apresentação. Local. Efeito suspensivo

1 – A petição é apresentada no tribunal tributário competente ou no serviço periférico local onde haja sido ou deva legalmente considerar-se praticado o acto.

2 – Para os efeitos do número anterior, os actos tributários consideram-se sempre praticados na área do domicílio ou sede do contribuinte, da situação dos bens ou da liquidação.

3 – No caso de a petição ser apresentada em serviço periférico local, este procederá ao seu envio ao tribunal tributário competente no prazo de cinco dias após o pagamento da taxa de justiça inicial.

4 – A impugnação tem efeito suspensivo quando, a requerimento do contribuinte, for prestada garantia adequada, no prazo de 10 dias após a notificação para o efeito pelo tribunal, com respeito pelos critérios e termos referidos nos n.ºs 1 a 5 e 9 do artigo 199.º

5 – Caso haja garantia prestada nos termos da alínea *f)* do artigo 69.º, esta mantém-se, independentemente de requerimento ou despacho, sem prejuízo de poder haver lugar a notificação para o seu reforço.

6 – A petição inicial pode ser remetida a qualquer das entidades referidas no n.º 1 pelo correio, sob registo, valendo, nesse caso, como data do acto processual a da efectivação do respectivo registo postal.

[Redacção dada pela Lei n.º 15/2001, de 5 de Junho, que *"Reforça as garantias do contribuinte e a simplificação processual, reformula a organização judiciária tributária e estabelece um novo regime geral para as infracções tributárias"*]

I. Cfr. artigos 78.º e 50.º, n.º 2 do CPTA.

Artigo 104.º
Cumulação de pedidos e coligação de autores

Na impugnação judicial podem, nos termos legais, cumular-se pedidos e coligar-se os autores em caso de identidade da natureza dos tributos, dos fundamentos de facto e de direito invocados e do tribunal competente para a decisão.

I. Este preceito conhece duas leituras: podemos, por um lado, falar de cumulação relativa a mais do que um acto tributário – cumulação de impugnações; mas podemos, de igual modo, falar de cumulação de pedidos em sentido próprio.

Esta possibilidade – cumulação de pedidos tendo por objecto o mesmo acto tributário impugnado – é admitida nos termos do processo civil [cfr. artigos 193.º, n.º 2, al. c), e 470.º, n.º 1, do CPC] – desde que não haja incompatibilidade substancial.

A cumulação de impugnações, a par com a coligação de autores, justifica-se por razões de economia processual, e desde que se verifiquem os pressupostos de identidade dos tributos alvo de impugnações, dos fundamentos de facto e de direito e do tribunal competente para a apreciação das impugnações deduzidas.

II. Apesar de consagrar a cumulação de pedidos de forma mais abrangente do que a LPTA (artigo 38.º), o CPPT não atinge, de forma alguma, a amplitude da previsão do artigo 4.º do CPTA:

"1 – É permitida a cumulação de pedidos sempre que:

a) A causa de pedir seja a mesma e única ou os pedidos estejam entre si numa relação de prejudicialidade ou de dependência, nomeadamente por se inscreverem no âmbito da mesma relação jurídica material;

b) Sendo diferente a causa de pedir, a procedência dos pedidos principais dependa essencialmente da apreciação dos mesmos factos ou da interpretação e aplicação dos mesmos princípios ou regras de direito.

2 – É, designadamente, possível cumular:

a) O pedido de anulação ou declaração de nulidade ou inexistência de um acto administrativo com o pedido de condenação da Administração ao restabelecimento da situação que existiria se o acto não tivesse sido praticado;

b) O pedido de declaração da ilegalidade de uma norma com qualquer dos pedidos mencionados na alínea anterior;

c) O pedido de condenação da Administração à prática de um acto administrativo legalmente devido com qualquer dos pedidos mencionados na alínea a);

d) O pedido de anulação ou declaração de nulidade ou inexistência de um acto administrativo com o pedido de anulação ou declaração de nulidade de contrato cuja validade dependa desse acto;

e) O pedido de anulação ou declaração de nulidade ou inexistência de um acto administrativo com o pedido de reconhecimento de uma situação jurídica subjectiva;

f) O pedido de condenação da Administração à reparação de danos causados com qualquer dos pedidos mencionados nas alíneas anteriores;

g) Qualquer pedido relacionado com questões de interpretação, validade ou execução de contratos com a impugnação de actos administrativos praticados no âmbito da relação contratual".

A cumulação de impugnações de actos administrativos encontra-se prevista no n.º 5 deste artigo 4.º, regendo-se pelo disposto no artigo 47.º. Por seu turno, a circunstância de aos pedidos cumulados corresponderem diferentes formas de processo não obsta à cumulação, *"adoptando-se, nesse caso, a forma da acção administrativa especial, com as adaptações que se revelem necessárias"* (artigo 5.º, n.º 1).

De facto, a possibilidade, consagrada nos termos transcritos, de cumulação de pedidos é uma das pedras de toque da reforma processual administrativa: "representa" – nas palavras de Vieira de Andrade – *"uma real transformação no sistema da justiça administrativa, visto que, superando os obstáculos da diferença de competência ou trâmite, permite ultrapassar, na maior parte dos casos, as limitações e as consequências nefastas que podiam apontar-se à rigidez dos meios processuais, designadamente quanto à obtenção de uma decisão que confira aos particulares uma tutela efectiva e em tempo útil"* [33].

III. O artigo 12.º do CPTA rege a coligação activa e/ou passiva, estabelecendo no n.º 1 as circunstâncias em que tal pluralidade de autores e/ou demandados poderá acontecer. O n.º 2 do mesmo preceito admite a coligação de diferentes autores contra o mesmo acto jurídico, ou contra diferentes actos, no âmbito dos processos impugnatórios.

O CPTA prevê, também, um regime específico para os processos em massa. Ao abrigo do artigo 48.º, n.º 1, *"quando sejam intentados mais de 20 processos que, embora reportados a diferentes pronúncias da mesma entidade administrativa, digam respeito à mesma relação jurídica material ou, ainda que respeitantes a diferentes relações jurídicas coexistentes em paralelo, sejam susceptíveis de ser decididos com base na aplicação das mesmas normas a idênticas situações de facto, o presidente do tribunal pode determinar, ouvidas as partes, que seja dado andamento a apenas um ou alguns deles, que neste último caso são apensados num único processo, e se suspenda a tramitação dos demais"*.

---

[33] Ob. cit., pág. 176.

IV. Desta forma, e por referência ao modelo proposto em comentário ao artigo 97.º deste Código, a cumulação de pedidos, prevista com amplitude semelhante ao estatuído no CPTA, será fulcral para a implementação de tal solução, ou de outras que a ela se assemelhem. Ainda que o esquema das formas de processo não conheça alterações, dotar este artigo 104.º de maior abertura face à possibilidade de cumulação é vital.

Artigo 105.º
Apensação

Sem prejuízo dos restantes casos de apensação previstos na lei e desde que o juiz entenda não haver prejuízo para o andamento da causa, os processos de impugnação judicial podem ser apensados ao instaurado em primeiro lugar que estiver na mesma fase, em caso de verificação de qualquer das circunstâncias referidas no artigo anterior.

I. Vide comentário ao artigo anterior.

II. Consagrando a cumulação de pedidos de forma amplíssima, o CPTA não se limita a prever a cumulação inicial, estendendo-a esta possibilidade ao longo da vida do processo. E fá-lo através da cumulação sucessiva que, pese embora importe a modificação objectiva da instância, encontra-se prevista nos artigos 28.º (apensação de processos), 48.º, n.º 1 (processos-modelo), 61.º (apensação de impugnações), 63.º (modificação objectiva da instância) e 70.º (alteração da instância).

Artigo 106.º
Indeferimento tácito

A reclamação graciosa presume-se indeferida para efeito de impugnação judicial após o termo do prazo legal de decisão pelo órgão competente.

I. Na senda do princípio da decisão, plasmado no artigo 56.º da LGT, o artigo 57.º da mesma Lei estabelece o prazo de seis meses para a conclusão do procedimento tributário (n.º1), findo o qual presume-se o seu indeferimento para efeitos de recurso hierárquico, recurso contencioso ou impugnação judicial. Gera-se, então, o indeferimento tácito, ficção legal de acto que permite ao contribuinte accionar os meios de tutela administrativa ou jurisdicional necessários à defesa da sua situação jurídica.

Assim, aquela que a partida deveria ser apontada como sendo um clara manifestação de inoperância e falha da Administração no cumprimento do dever de decidir que sobre si impede, passa a ser uma ficção jurídica, uma *"garantia procedimental do contribuinte apenas no sentido de que este poderá, no prazo fixado por lei, obter tutela judicial para a sua pretensão*" [34].

O dever de decidir que impede sobre a Administração tributária – e que foi consagrado, de forma expressa, pela LGT no referido artigo 56.º – cria, na esfera jurídica do sujeito passivo, um direito de obter uma resposta em tempo útil. O que, na perspectiva de Saldanha Sanches, deveria ter encaminhado o legislador da LGT no sentido de, como consequência lógica da consagração do princípio da decisão, "*acabar com o indeferimento tácito. Ou então, em alternativa, criar o deferimento tácito para penalizar a Administração fiscal pelo silêncio indevido*" uma vez que o indeferimento tácito, sendo "*uma figura processual que, como regra nas relações entre a Administração e o contribuinte, é a negação viva do sistema de colaboração e de interacção permanente que a LGT queria estabelecer entre os dois pólos da relação jurídico-tributária*" – decesso que, ainda na perspectiva do autor, não estaria imune de consequências nefastas: "*se acabasse com o indeferimento tácito deixava o contribuinte sem meios para reagir ao silêncio da Administração. Se criasse o deferimento tácito (com esta Administração fiscal) ia ser um "abre-te Sésamo" do Tesouro Público para contribuintes hábeis*" [35].

II. A mesma lógica esteve presente no legislador do CPA e do anterior regime compósito do processo administrativo. Não está, no entanto, presente na reforma: o legislador do CPTA abandonou a ficção de acto de conteúdo negativo e dotou o contencioso administrativo de vias processuais adequadas a obter uma decisão – seja praticada pela Administração, seja decretada em sua substituição pelo Tribunal.

O artigo 9.º, n.º 1 do CPA estabelece:

"*1. Os órgãos administrativos têm, nos termos regulados neste Código, o dever de se pronunciar sobre todos os assuntos da sua competência que lhes sejam apresentados pelos particulares, e nomeadamente:*

a) Sobre os assuntos que lhes disserem directamente respeito;

b) Sobre quaisquer petições, representações, reclamações ou queixas formuladas em defesa da Constituição, das leis ou do interesse público".

Por seu turno, o artigo 109.º, n.º 1 vem estabelecer que a falta, no prazo fixado para a sua emissão (90 dias, salvo o disposto em lei especial, de acordo com o n.º 2), "*de decisão final sobre a pretensão dirigida a órgão administrativo competente confere ao interessado, salvo disposição em contrário, a faculdade de presumir indeferida essa pretensão, para poder exercer o respectivo*

---

[34] SALDANHA SANCHES, "O indeferimento tácito em matéria fiscal: uma garantia do contribuinte?", *Fiscalidade*, n.º 11, Julho, 2002, pág. 95.

[35] Idem..., pág. 94-95.

meio legal de impugnação" – que seria, à época, o recurso contencioso do acto de indeferimento, previsto no artigo 28.º, n.º 1, al. d) da LPTA.

Ora, o CPTA põe em causa a figura do indeferimento tácito ao consagrar a possibilidade de dedução de pedido de condenação da Administração à prática de acto devido quando "*tendo sido apresentado requerimento que constitua o órgão competente no dever de decidir, não tenha sido proferida decisão dentro do prazo legalmente estabelecido*" [artigo 67.º, n.º 1, al. a)]. Salienta Mário Aroso de Almeida, co-autor desta reforma, que "*a partir do momento em que se deixa de fazer depender o acesso à jurisdição administrativa da existência de um acto administrativo passível de impugnação, deixa de ser, na verdade, necessário ficcionar, em situações de pura inércia ou omissão, a existência de actos administrativos (os ditos* indeferimentos tácitos*) que possam ser objecto de impugnação*" – o que "*tem o alcance de fazer com que se deva entender que o artigo 109.º, n.º 1 do CPA é tacitamente derrogado na parte em que reconhece ao interessado "a faculdade de presumir indeferida [a sua] pretensão, para poder exercer o respectivo meio legal de impugnação", devendo passar a ser lido como se dissesse que a falta de decisão administrativa confere ao interessado a possibilidade de lançar mão do meio de tutela adequado*" [36].

III. Decorre do exposto, e do que já foi dito em comentário ao artigo 97.º deste Código, que a adopção de um contencioso de actos tributários de plena jurisdição, contemplando a possibilidade de dedução de pedidos condenatórios na pratica de actos devidos, permitiria expurgar o indeferimento tácito do ordenamento jurídico-processual tributário, sem cairmos nos excessos que a consagração do deferimento tácito como regime-regra face ao silêncio da Administração implicaria.

Artigo 107.º
Petição dirigida ao delegante ou subdelegante

O indeferimento tácito da petição ou requerimento dirigido ao delegante ou subdelegante é imputável, para efeitos de impugnação, ao delegado ou subdelegado, mesmo que a este não seja remetido o requerimento ou petição, atendendo-se à data da respectiva entrada para o efeito do artigo anterior.

Artigo 108.º
Requisitos da petição inicial

1 – A impugnação será formulada em petição articulada, dirigida ao juiz do tribunal competente, em que se identifiquem o

---
[36] Ob. cit., pág. 195-196.

acto impugnado e a entidade que o praticou e se exponham os factos e as razões de direito que fundamentam o pedido.

2 – Na petição indicar-se-á o valor do processo ou a forma como se pretende a sua determinação a efectuar pelos serviços competentes da administração tributária.

3 – Com a petição, elaborada em triplicado, sendo uma cópia para arquivo e outra para o representante da Fazenda Pública, o impugnante oferecerá os documentos de que dispuser, arrolará testemunhas e requererá as demais provas que não dependam de ocorrências supervenientes.

[Redacção dada pela Lei n.º 109-B/2001, de 27 de Dezembro, *Lei do Orçamento do Estado para 2002*]

I. Cfr. artigo 78.º do CPTA.

Artigo 109.º
Despesas com a produção de prova

1 – As despesas com a produção da prova são da responsabilidade de quem as oferecer e, se for o impugnante, garanti-las-á mediante prévio depósito.

2 – O não pagamento dos preparos para a realização das despesas implica a não realização da diligência requerida pelo impugnante, salvo quando o juiz fundamentadamente a entender necessária ao conhecimento do pedido.

I. Cfr. artigo 90.º/2 do CPTA.

SECÇÃO III
Da contestação

Artigo 110.º
Contestação

1 – Recebida a petição, o juiz ordena a notificação do representante da Fazenda Pública para, no prazo de 90 dias, contestar e solicitar a produção de prova adicional, sem prejuízo do disposto na parte final do n.º 5 do artigo 112.º

2 – O juiz pode convidar o impugnante a suprir, no prazo que designar, qualquer deficiência ou irregularidade.

3 – O representante da Fazenda Pública deve solicitar, no prazo de três dias, o processo administrativo ao órgão periférico local da situação dos bens ou da liquidação, mas esse expediente não interfere no prazo da contestação previsto no n.º 1.

4 – Com a contestação, o representante da Fazenda Pública remete ao tribunal, para todos os efeitos legais, o processo administrativo que lhe tenha sido enviado pelos serviços.

5 – O juiz pode, a todo o tempo, ordenar ao serviço periférico local a remessa do processo administrativo, mesmo na falta de contestação do representante da Fazenda Pública.

6 – A falta de contestação não representa a confissão dos factos articulados pelo impugnante.

7 – O juiz aprecia livremente a falta de contestação especificada dos factos.

[Redacção dada pela Lei n.º 15/2001, de 5 de Junho, que *"Reforça as garantias do contribuinte e a simplificação processual, reformula a organização judiciária tributária e estabelece um novo regime geral para as infracções tributárias"*]

I. Cfr. artigo 83.º do CPTA.

Artigo 111.º
Organização do processo administrativo

1 – O órgão periférico local da situação dos bens ou da liquidação deve organizar o processo e remetê-lo ao representante da Fazenda Pública, no prazo de 30 dias a contar do pedido que lhe seja feito por aquele, sem prejuízo do disposto no artigo seguinte.

2 – Ao órgão referido no número anterior compete, designadamente, instruir o processo com os seguintes elementos:

a) A informação da inspecção tributária sobre a matéria de facto considerada pertinente;

b) A informação prestada pelos serviços da administração tributária sobre os elementos oficiais que digam respeito à colecta impugnada e sobre a restante matéria do pedido;

c) Outros documentos de que disponha e repute convenientes para o julgamento, incluindo, quando já tenha sido resolvido, procedimento de reclamação graciosa relativamente ao mesmo acto.

3 – Caso haja sido apresentada, anteriormente à recepção da petição de impugnação, reclamação graciosa relativamente ao mesmo acto, esta deve ser apensa à impugnação judicial, no estado em que se encontrar, sendo considerada, para todos os efeitos, no âmbito do processo de impugnação.

4 – Caso, posteriormente à recepção da petição de impugnação, seja apresentada reclamação graciosa relativamente ao mesmo acto e com diverso fundamento, deve esta ser apensa à impugnação judicial, sendo igualmente considerada, para todos os efeitos, no âmbito do processo de impugnação.

5 – O disposto nos n. os 3 e 4 é igualmente aplicável, com as necessárias adaptações, no caso de recurso hierárquico interposto da decisão da reclamação graciosa ao abrigo do artigo 76º.

[O n.º 1 deste artigo tem a redacção oferecida pela Lei n.º 15/2001, de 5 de Junho, *"Reforça as garantias do contribuinte e a simplificação processual, reformula a organização judiciária tributária e estabelece um novo regime geral para as infracções tributárias"*; A actual redacção do n.º 5 foi dada pela Lei n.º 32-B/2002, de 30 de Dezembro, *Lei do Orçamento do Estado para 2003*]

I. Cfr. artigo 79.º do CPTA.

SECÇÃO IV

Do conhecimento inicial do pedido

ARTIGO 112.º

Revogação do acto impugnado

1 – Caso o valor do processo não exceda o quíntuplo da alçada do tribunal tributário de 1.ª instância, se a questão a resolver for de manifesta simplicidade e dispuser dos elementos para o efeito necessários, pode o dirigente do órgão periférico local da administração tributária revogar, total ou parcialmente, dentro do prazo referido no n.º 1 do artigo anterior, o acto impugnado.

2 – Se o valor do processo exceder o quíntuplo da alçada do tribunal tributário de 1.ª instância, o dirigente do órgão periférico local, uma vez completa a instrução, remete-o ao dirigente do órgão periférico regional, no prazo previsto no n.º 1 do artigo anterior, podendo este, caso se verifiquem os demais pressupostos referidos no n.º 1, revogar o acto impugnado, nos mesmos termos e prazo.

3 – No caso de o acto impugnado ser revogado parcialmente, o órgão que procede à revogação deve, nos 3 dias subsequentes, proceder à notificação do impugnante para, no prazo de 10 dias, se pronunciar, prosseguindo o processo se o impugnante nada disser ou declarar que mantém a impugnação.

4 – A revogação total do acto impugnado é notificada ao representante da Fazenda Pública nos 3 dias subsequentes, cabendo a este promover a extinção do processo.

5 – A revogação parcial do acto impugnado é notificada ao representante da Fazenda Pública, com simultânea remessa do processo administrativo, no prazo de três dias após a recepção da declaração do impugnante referida no n.º 3 ou do termo do prazo aí previsto, sendo, nesse caso, o prazo para contestar de 30 dias a contar da notificação

6 – A competência referida no presente artigo pode ser delegada pela entidade competente para a apreciação em funcionário qualificado.

[Redacção dada pela Lei n.º 15/2001, de 5 de Junho, que *"Reforça as garantias do contribuinte e a simplificação processual, reformula a organização judiciária tributária e estabelece um novo regime geral para as infracções tributárias"*]

I. Cfr. artigos 64.º e 65.º do CPTA.

Artigo 113.º
Conhecimento imediato do pedido

1 – Junta a posição do representante da Fazenda Pública ou decorrido o respectivo prazo, o juiz, após vista ao Ministério Público, conhecerá logo o pedido se a questão for apenas de direito ou, sendo também de facto, o processo fornecer os elementos necessários.

2 – Sem prejuízo do disposto no número anterior, se o representante da Fazenda Pública suscitar questão que obste ao conhecimento do pedido, será ouvido o impugnante.

I. Cfr. artigo 87.º do CPTA.

SECÇÃO V
Do instrução

Artigo 114.º
Diligências de prova

Não conhecendo logo do pedido, o juiz ordena as diligências de produção de prova necessárias, as quais são produzidas no respectivo tribunal.

[Redacção dada pela Lei n.º 15/2001, de 5 de Junho, que "*Reforça as garantias do contribuinte e a simplificação processual, reformula a organização judiciária tributária e estabelece um novo regime geral para as infracções tributárias*"]

I. Cfr. artigo 90.º do CPTA.

Artigo 115.º
Meios de prova

1 – São admitidos os meios gerais de prova.

2 – As informações oficiais só têm força probatória quando devidamente fundamentadas, de acordo com critérios objectivos.

3 – O teor das informações oficiais será sempre notificado ao impugnante, logo que juntas.

4 – A genuinidade de qualquer documento deve ser impugnada no prazo de 10 dias após a sua apresentação ou junção ao processo, sendo no mesmo prazo feito o pedido de confronto com o original da certidão ou da cópia com a certidão de que foi extraída.

Artigo 116.º
Pareceres técnicos. Prova Pericial

1 – Poderá haver prova pericial no processo de impugnação judicial sempre que o juiz entenda necessário o parecer de técnicos especializados.

2 – A realização da perícia é ordenada pelo juiz, oficiosamente ou a pedido do impugnante ou do representante da Fazenda Pública, formulado, respectivamente, na petição inicial e na contestação.

3 – A perícia poderá também ser requerida no prazo de 20 dias após a notificação das informações oficiais, se a elas houver lugar.

4 – A prova pericial referida nos números anteriores será regulada nos termos do Código de Processo Civil.

5 – Cabe ao tribunal adiantar o encargo das diligências não requeridas pelo impugnante, o qual entrará no final em regra de custas.

6 – As despesas de diligências requeridas pelo impugnante são por este suportadas, mediante preparo a fixar pelo juiz, e entram no final em regra de custas.

[Redacção dada pela Lei n.º 15/2001, de 5 de Junho, que *"Reforça as garantias do contribuinte e a simplificação processual, reformula a organização judiciária tributária e estabelece um novo regime geral para as infracções tributárias"*]

ARTIGO 117.º
Impugnação com base em erro na quantificação
da matéria tributável ou nos pressupostos
de aplicação de métodos indirectos

1 – Salvo em caso de regime simplificado de tributação ou quando da decisão seja interposto, nos termos da lei, recurso hierárquico com efeitos suspensivos da liquidação, a impugnação dos actos tributários com base em erro na quantificação da matéria tributável ou nos pressupostos de aplicação de métodos indirectos depende de prévia apresentação do pedido de revisão da matéria tributável.

2 – Na petição inicial identificará o impugnante o erro ou outra ilegalidade que serve de fundamento à impugnação, apresentará os pareceres periciais que entender necessários e solicitará diligências.

3 – Na introdução em juízo, o representante da Fazenda Pública oferecerá, por sua vez, os pareceres periciais que considerar indispensáveis à apreciação do acto impugnado e solicitará, se for caso disso, outras diligências.

4 – O juiz pode, se o entender, oficiosamente ou a requerimento dos interessados, ordenar a audição dos peritos que tenham subscrito os pareceres técnicos referidos nos números anteriores, determinar ao impugnante e ao representante da Fazenda Pública o esclarecimento das suas posições e ordenar novas diligências de prova.

I. Cfr. artigo 59.º, n.º 4, do CPTA; artigo 86.º da LGT.

Artigo 118.º
Testemunhas

1 – O número de testemunhas a inquirir não poderá exceder 3 por cada facto nem o total de 10 por cada acto tributário impugnado.

2 – Os depoimentos são prestados em audiência contraditória, devendo ser gravados, sempre que existam meios técnicos para o efeito, cabendo ao juiz a respectiva redução a escrito, que deve constar em acta, quando não seja possível proceder àquela gravação.

3 – Na marcação da diligência, o juiz deve observar o disposto no artigo 155.º do Código de Processo Civil.

4 – A falta de testemunha, de representante da Fazenda Pública ou de advogado não é motivo de adiamento da diligência.

5 – O impugnante e o representante da Fazenda Pública podem interrogar directamente as testemunhas.

[Redacção dada pela Lei n.º 15/2001, de 5 de Junho, que *"Reforça as garantias do contribuinte e a simplificação processual, reformula a organização judiciária tributária e estabelece um novo regime geral para as infracções tributárias"*]

I. Cfr. artigo 90.º do CPTA.

Artigo 119.º
Depoimento das testemunhas

1 – As testemunhas residentes na área de jurisdição do tribunal tributário são notificadas por carta registada, sendo as restantes a apresentar pela parte que as ofereceu, salvo se fundadamente se requerer a sua notificação.

2 – A devolução de carta de notificação de testemunha é notificada à parte que a apresentou, mas não dá lugar a nova notificação, salvo nos casos de erro do tribunal, cabendo à parte a apresentação da testemunha.

3 – O impugnante e o representante da Fazenda Pública podem requerer que o depoimento das testemunhas residentes fora da área de jurisdição do tribunal tributário seja feito nos termos do número seguinte.

4 – As testemunhas a inquirir nos termos do número anterior são apresentadas pela parte que as ofereceu e são ouvidas por teleconferência gravada a partir do tribunal tributário da área da

sua residência, devendo ser identificadas perante funcionário judicial do tribunal onde o depoimento é prestado.

5 – A inquirição das testemunhas prevista no n.º 3 deve ser efectuada durante a mesma diligência em que são ouvidas as demais testemunhas, salvo quando exista motivo ponderoso que justifique que essa inquirição seja marcada para outra data.

[Redacção dada pela Lei n.º 15/2001, de 5 de Junho, que *"Reforça as garantias do contribuinte e a simplificação processual, reformula a organização judiciária tributária e estabelece um novo regime geral para as infracções tributárias"*]

Artigo 120.º
Notificação para alegações

Finda a produção da prova, ordenar-se-á a notificação dos interessados para alegarem por escrito no prazo fixado pelo juiz, que não será superior a 30 dias.

Artigo 121.º
Vista do Ministério Público

1 – Apresentadas as alegações ou findo o respectivo prazo e antes de proferida a sentença, o juiz dará vista ao Ministério Público para, se pretender, se pronunciar expressamente sobre as questões de legalidade que tenham sido suscitadas no processo ou suscitar outras nos termos das suas competências legais.

2 – Se o Ministério Público suscitar questão que obste ao conhecimento do pedido, serão ouvidos o impugnante e o representante da Fazenda Pública.

I. Cfr. artigo 85.º do CPTA.

SECÇÃO VI
Da sentença

Artigo 122.º
Conclusão dos Autos. Sentença

1 – Em seguida serão os autos conclusos para decisão do juiz, que proferirá sentença.

2 – O impugnante, se decair no todo ou em parte e tiver dado origem à causa, será condenado em custas e poderá sê-lo, também, em sanção pecuniária, como litigante de má fé.

I. Cfr. artigos 92.º e 93.º do CPTA.

Artigo 123.º
Sentença. Objecto

1 – A sentença identificará os interessados e os factos objecto de litígio, sintetizará a pretensão do impugnante e respectivos fundamentos, bem como a posição do representante da Fazenda Pública e do Ministério Público, e fixará as questões que ao tribunal cumpre solucionar.

2 – O juiz discriminará também a matéria provada da não provada, fundamentando as suas decisões.

I. Cfr. artigo 95.º do CPTA.

Artigo 124.º
Ordem de conhecimento dos vícios na sentença

1 – Na sentença, o tribunal apreciará prioritariamente os vícios que conduzam à declaração de inexistência ou nulidade do acto impugnado e, depois, os vícios arguidos que conduzam à sua anulação.

2 – Nos referidos grupos a apreciação dos vícios é feita pela ordem seguinte:

   a) No primeiro grupo, o dos vícios cuja procedência determine, segundo o prudente critério do julgador, mais estável ou eficaz tutela dos interesses ofendidos;
   b) No segundo grupo, a indicada pelo impugnante, sempre que este estabeleça entre eles uma relação de subsidiariedade e não sejam arguidos outros vícios pelo Ministério Público ou, nos demais casos, a fixada na alínea anterior.

I. Cfr. artigo 95.º, n.º 2 do CPTA.

Artigo 125.º
Nulidades da sentença

1 – Constituem causas de nulidade da sentença a falta de assinatura do juiz, a não especificação dos fundamentos de facto e de direito da decisão, a oposição dos fundamentos com a decisão, a falta de pronúncia sobre questões que o juiz deva apreciar ou a pronúncia sobre questões que não deva conhecer.

2 – A falta da assinatura do juiz pode ser suprida oficiosamente ou a requerimento dos interessados, enquanto for possível obtê-la, devendo o juiz declarar a data em que assina.

I. Cfr. artigo 95.º do CPTA.

Artigo 126.º
Notificação da sentença

A sentença será notificada no prazo de 10 dias ao Ministério Público, ao impugnante e ao representante da Fazenda Pública.

I. Cfr. artigo 96.º do CPTA.

SECÇÃO VII
Dos incidentes

Artigo 127.º
Incidentes

1 – São admitidos em processo de impugnação os incidentes seguintes:
   a) Assistência;
   b) Habilitação;
   c) Apoio judiciário.

2 – O prazo de resposta ao incidente é de 15 dias.

3 – O Ministério Público pronunciar-se-á obrigatoriamente antes da decisão do incidente sobre a matéria nele discutida.

I. Cfr. artigo 10.º, n.º 8 do CPTA.

ARTIGO 128.º

Processamento e julgamento dos incidentes

Os incidentes serão processados e julgados nos termos do Código de Processo Civil, em tudo que não seja estabelecido no presente Código.

ARTIGO 129.º

Incidente de assistência

1 – É admitido em processo de impugnação o incidente de assistência nos casos seguintes:

   a) Intervenção do substituto nas impugnações deduzidas pelo substituído e vice-versa;
   b) Intervenção do responsável subsidiário nas impugnações deduzidas pelo contribuinte.

2 – A sentença produzirá caso julgado face ao assistente relativamente ao objecto da impugnação.

ARTIGO 130.º

Admissão do incidente de habilitação

É admitido o incidente de habilitação quando, no decurso do processo judicial, falecer o impugnante e o sucessor pretenda impor a sua posição processual.

SECÇÃO VIII

Da impugnação dos actos de autoliquidação, substituição tributária e pagamentos por conta

ARTIGO 131.º

Impugnação em caso de autoliquidação

1 – Em caso de erro na autoliquidação, a impugnação será obrigatoriamente precedida de reclamação graciosa dirigida ao dirigente do órgão periférico regional da administração tributária, no prazo de 2 anos após a apresentação da declaração.

2 – Em caso de indeferimento expresso ou tácito da reclama-ção, o contribuinte poderá impugnar, no prazo de 30 dias, a liqui-dação que efectuou, contados, respectivamente, a partir da notificação do indeferimento ou da formação da presunção do indeferimento tácito.

3 – Sem prejuízo do disposto nos números anteriores, quando o seu fundamento for exclusivamente matéria de direito e a autoliquidação tiver sido efectuada de acordo com orientações genéricas emitidas pela administração tributária, o prazo para a impugnação não depende de reclamação prévia, devendo a impugnação ser apresentada no prazo do n.º 1 do artigo 102.º.

I. *Vide* comentário ao artigo 60.º deste Código.

Artigo 132.º
Impugnação em caso de retenção na fonte

1 – A retenção na fonte é susceptível de impugnação por parte do substituto em caso de erro na entrega de imposto superior ao retido.

2 – O imposto entregue a mais será descontado nas entregas seguintes da mesma natureza a efectuar no ano do pagamento indevido.

3 – Caso não seja possível a correcção referida no número anterior, o substituto que quiser impugnar reclamará graciosamente para o órgão periférico regional da administração tributária competente no prazo de 2 anos a contar do termo do prazo nele referido.

4 – O disposto no número anterior aplica-se à impugnação pelo substituído da retenção que lhe tiver sido efectuada, salvo quando a retenção tiver a mera natureza de pagamento por conta do imposto devido a final.

5 – Caso a reclamação graciosa seja expressa ou tacitamente indeferida, o contribuinte poderá impugnar, no prazo de 30 dias, a entrega indevida nos mesmos termos que do acto da liquidação.

6 – À impugnação em caso de retenção na fonte aplica-se o disposto no n.º 3 do artigo anterior.

I. *Vide* comentário ao artigo 60.º deste Código.

Artigo 133.º
Impugnação em caso de pagamento por conta

1 – O pagamento por conta é susceptível de impugnação judicial com fundamento em erro sobre os pressupostos da sua existência ou do seu quantitativo quando determinado pela administração tributária.

2 – A impugnação do pagamento por conta depende de prévia reclamação graciosa para o órgão periférico local da administração tributária competente, no prazo de 30 dias após o pagamento indevido.

3 – Caso a reclamação seja expressamente indeferida, o contribuinte poderá impugnar, no prazo de 30 dias, o acto nos mesmos termos que do acto de liquidação.

4 – Decorridos 90 dias após a sua apresentação sem que tenha sido indeferida, considera-se a reclamação tacitamente deferida.

I. *Vide* comentário ao artigo 60.º deste Código.

Artigo 134.º
Objecto da impugnação

1 – Os actos de fixação dos valores patrimoniais podem ser impugnados, no prazo de 90 dias após a sua notificação ao contribuinte, com fundamento em qualquer ilegalidade.

2 – Constitui motivo de ilegalidade, além da preterição de formalidades legais, o erro de facto ou de direito na fixação.

3 – As incorrecções nas inscrições matriciais dos valores patrimoniais podem ser objecto de impugnação judicial, no prazo de 30 dias, desde que o contribuinte tenha solicitado previamente a correcção da inscrição junto da entidade competente e esta a recuse ou não se pronuncie no prazo de 90 dias a partir do pedido.

4 – À impugnação referida no número anterior aplica-se o disposto no n.º 3 do artigo 111.º.

5 – O pedido de correcção da inscrição nos termos do número anterior pode ser apresentado a todo o tempo.

6 – O prazo da impugnação referida no n.º 3 conta-se a partir da notificação da recusa ou do termo do prazo para apreciação do pedido.

7 – A impugnação referida neste artigo não tem efeito suspensivo e só poderá ter lugar depois de esgotados os meios graciosos previstos no procedimento de avaliação.

[Redacção dada pela Lei n.º 15/2001, de 5 de Junho, que *"Reforça as garantias do contribuinte e a simplificação processual, reformula a organização judiciária tributária e estabelece um novo regime geral para as infracções tributárias"*]

I. Cfr. comentário ao artigo 60.º deste Código.

CAPÍTULO III
Dos processos de acção cautelar

SECÇÃO I
Disposições gerais

Artigo 135.º
Providências cautelares

1 – São admitidas em processo judicial tributário as seguintes providências cautelares avulsas a favor da administração tributária:

a) O arresto;
b) O arrolamento.

2 – A impugnação dos actos de apreensão de bens, quando a eles houver lugar segundo as leis tributárias, e de outras providências cautelares adoptadas, nos termos da lei, pela administração tributária é regulada pelo disposto no presente capítulo.

I. Cfr. artigo 84.º do CPA; artigo 51.º da LGT.

SECÇÃO II
Do arresto

Artigo 136.º
Requisitos do arresto

1 – O representante da Fazenda Pública pode requerer arresto de bens do devedor de tributos ou do responsável solidário ou subsidiário quando ocorram, simultaneamente, as circunstâncias seguintes:

a) Haver fundado receio da diminuição de garantia de cobrança de créditos tributáveis;
b) O tributo estar liquidado ou em fase de liquidação.

2 – Nos tributos periódicos considera-se que o tributo está em fase de liquidação a partir do final do ano civil ou de outro período de tributação a que os respectivos rendimentos se reportem.

3 – Nos impostos de obrigação única, o imposto considera-se em fase de liquidação a partir do momento da ocorrência do facto tributário.

4 – O representante da Fazenda Pública alegará os factos que demonstrem o tributo ou a sua provável existência e os fundamentos do receio de diminuição de garantias de cobrança de créditos tributários, relacionando, também, os bens que devem ser arrestados, com as menções necessárias ao arresto.

5 – As circunstâncias referidas na alínea *a)* do n.º 1 presumem-se no caso de dívidas por impostos que o devedor ou responsável esteja obrigado a reter ou a repercutir a terceiros e não haja entregue nos prazos legais.

[Redacção dada pela Lei n.º 15/2001, de 5 de Junho, que *"Reforça as garantias do contribuinte e a simplificação processual, reformula a organização judiciária tributária e estabelece um novo regime geral para as infracções tributárias"*]

Artigo 137.º
Caducidade

1 – O arresto fica sem efeito com o pagamento da dívida, ou quando, no processo de liquidação do ou dos tributos para cuja garantia é destinado, se apure até ao fim do ano posterior àquele em que se efectuou não haver lugar a qualquer acto tributário e, ainda, se, a todo o tempo, for prestada garantia nos termos previstos no presente Código.

2 – O arresto fica igualmente sem efeito quando, tendo sido decretado na pendência de procedimento de inspecção tributária, a entidade inspeccionada não for notificada do relatório de inspecção no prazo de 90 dias a contar da data do seu decretamento.

3 – O arresto caducará ainda na medida do que exceder o montante suficiente para garantir o tributo, juros compensatórios liquidados e o acrescido relativo aos 6 meses posteriores.

[Redacção dada pela Lei n.º 15/2001, de 5 de Junho, que *"Reforça as garantias do contribuinte e a simplificação processual, reformula a organização judiciária tributária e estabelece um novo regime geral para as infracções tributárias"*]

Artigo 138.º
Competência para o arresto

Tem competência para o arresto o tribunal tributário de 1.ª instância da área do órgão periférico local competente para a execução dos créditos que se pretendam garantir.

Artigo 139.º
Regime do arresto

Ao regime do arresto aplica-se o disposto no Código de Processo Civil em tudo o que não for especialmente regulado nesta secção.

SECÇÃO III
Do arrolamento

Artigo 140.º
Requisitos do arrolamento

Havendo fundado receio de extravio ou de dissipação de bens ou de documentos conexos com obrigações tributárias, pode ser requerido pelo representante da Fazenda Pública o seu arrolamento.

Artigo 141.º
Competência para o arrolamento

O processo de arrolamento é da competência do tribunal tributário de 1.ª instância da área da residência, sede ou estabelecimento estável do contribuinte.

Artigo 142.º
Regime do arrolamento

Ao regime do arrolamento aplica-se o disposto no Código de Processo Civil, em tudo o que não for especialmente regulado nesta secção.

SECÇÃO IV
Da apreensão

Artigo 143.º
Impugnação da apreensão

1 – É admitida a impugnação judicial dos actos de apreensão de bens praticados pela administração tributária, no prazo de 15 dias a contar do levantamento do auto.

2 – A impugnação da apreensão de bens reveste-se sempre de carácter urgente, precedendo as diligências respectivas a quaisquer outros actos judiciais não urgentes.

3 – É competente para o conhecimento da impugnação o tribunal tributário de 1.ª instância da área em que a apreensão tiver sido efectuada.

4 – Tem legitimidade para a impugnação prevista neste artigo o proprietário ou detentor dos bens apreendidos.

5 – Sempre que as leis tributárias exijam a notificação dos actos de apreensão às pessoas referidas no número anterior, o prazo da impugnação conta-se a partir dessa notificação.

6 – Estando pendente processo contra-ordenacional, a decisão judicial da impugnação do acto de apreensão faz caso julgado, considerando-se sempre definitiva a libertação dos bens e meios de transporte, independentemente da decisão quanto às coimas.

7 – A regularização da situação tributária do arguido na pendência do processo de impugnação extingue este.

SECÇÃO V
Da impugnação das providências cautelares adoptadas pela administração tributária

Artigo 144.º
Impugnação das providências cautelares adoptadas pela administração tributária

1 – Sem prejuízo do disposto no artigo anterior, as providências cautelares adoptadas pela administração tributária são impugnáveis no prazo de 15 dias após a sua realização ou o seu conhecimento efectivo pelo interessado, quando posterior, com fundamento em qualquer ilegalidade.

2 – A impugnação é apresentada no tribunal tributário de 1.ª instância da área do serviço da administração tributária que tiver adoptado a providência cautelar.

3 – A impugnação das providências cautelares reveste-se sempre de carácter urgente, precedendo as diligências respectivas a quaisquer outros actos judiciais não urgentes.

4 – No requerimento, deve o contribuinte invocar as razões de facto e de direito que justificam a anulação total ou parcial da providência cautelar.

5 – Antes da decisão, é obrigatoriamente ouvida a administração tributária sobre a necessidade e legalidade da providência.

6 – A impugnação das providências cautelares adoptadas pela administração tributária não tem efeitos suspensivos, devendo, no entanto, até à decisão a administração tributária abster-se da prática de actos que possam comprometer os efeitos úteis do processo.

CAPÍTULO IV
Acção para o reconhecimento de um direito ou interesse legítimo em matéria tributária

ARTIGO 145.º
Reconhecimento de um direito ou interesse legítimo em matéria tributária

1 – As acções para obter o reconhecimento de um direito ou interesse legalmente protegido em matéria tributária podem ser propostas por quem invoque a titularidade do direito ou interesse a reconhecer.

2 – O prazo da instauração da acção é de 4 anos após a constituição do direito ou o conhecimento da lesão do interessado.

3 – As acções apenas podem ser propostas sempre que esse meio processual for o mais adequado para assegurar uma tutela plena, eficaz e efectiva do direito ou interesse legalmente protegido.

4 – As acções seguem os termos do processo de impugnação, considerando-se na posição de entidade que praticou o acto a que tiver competência para decidir o pedido.

I. A acção para o reconhecimento de um direito ou interesse legítimo legalmente protegido surgiu com a revisão constitucional de 1982 que, ao alterar o (actual) artigo 268.º, iniciou um processo lento de delimitação dos contornos do princípio da tutela jurisdicional efectiva. Como escrevemos noutra sede, "*a história constitucional do texto de 1976 põe às claras um monólogo, que se pretendia diálogo, entre o legislador constitucional e o legislador ordinário: desde a introdução da acção para o reconhecimento de direitos ou interesses legalmente protegidos em 1982 (que não foi compreendida pelo legislador ordinário de 1984/85, quando fez sair o ETAF e a LPTA), às alterações de 1989, que vieram culminar nas alterações e inovações introduzidas em 1997*" [37].

De facto, e apesar desse reforço constitucional sucessivo, o princípio da tutela jurisdicional efectiva e, em concreto, a acção para o reconhecimento de direitos, não foram compreendidos e integrados pelo legislador ordinário. E assim, apesar da prontidão da resposta legal, com a consagração na LPTA logo em 1985, a polémica em torno das reais capacidades e potencialidades deste meio processual estendeu-se no período de 1982 a 1997.

Mais demorada foi a reacção do legislador ordinário nos domínios do contencioso tributário. A acção para obter o reconhecimento de um direito ou interesse legalmente protegido em matéria tributária só foi consagrada no contencioso fiscal em 1991, no artigo 165.º do então aprovado Código de Processo Tributário.

Esta demora legislativa deixou o contribuinte carecido de tutela jurisdicional, uma vez que, por fazerem depender o acesso à justiça fiscal da existência de um acto impugnável ou recorrível, os meios de impugnação e os seus efeitos anulatórios mostravam-se claramente incapazes de tutelar processualmente todas as situações substantivas defendidas pela ordem jurídica. Mais óbvia se torna esta situação pelo facto de o Supremo Tribunal Administrativo (STA) considerar a acção para o reconhecimento de um direito ou interesse prevista na LPTA inaplicável ao contencioso tributário, em Acórdão de 15 de Março de 1989 (recurso n.º 10469).

No entanto, este meio processual, ao ser acolhido tardiamente no contencioso tributário, beneficiou dos resultados da ampla discussão iniciada em 1982-85 em torno da acção do contencioso administrativo. De tal sorte que, logo em 1991, considerava-se já que *"através deste tipo de acção pode o tribunal condenar a administração fiscal a uma acção ou conduta, (...) não se confinando, pois, aos limites de uma mera apreciação ou anulação"*, e que, delimitando o âmbito desta acção, seria possível utilizá-la em situações em que a administração fiscal está obrigada a proceder a restituições, nomeadamente *"em situações que deram origem ao enriquecimento sem causa"* da administração [38].

Mas, mais uma vez, a acção (sobre)vivia na condição de meio subsidiário ou complementar. Nos termos do artigo 165.º, n.º 3, do CPT, a opção do legislador por esta solução era clara: *"As acções só podem ser propostas quando os restantes meios contenciosos, incluindo os relativos à execução da sentença, não assegurarem a tutela efectiva do direito ou interesse em causa"*.

---

[37] MARTA REBELO, "A acção condenatória na reforma do contencioso administrativo – os actos e as operações materiais devidas pela Administração" *Revista Jurídica*, AAFDL, n.º 24, Abril 2001, pág. 670.

[38] LIMA GUERREIRO e SILVÉRIO DIAS MATEUS, em comentário ao artigo 165.º do CPT, *Código de Processo Tributário Comentado*, 2.ª Edição, Fisco, 1991, pp. 198.

Assim, em 1984-85, o legislador do processo administrativo antecipou-se ao processo tributário, ao dar a primeira resposta e o mote ao debate. Percorreu--se um longo caminho, e ultrapassaram-se alguns obstáculos no palco do contencioso administrativo. Mas a verdade é que, de certa forma, o Código de Procedimento e de Processo Tributário (CPPT), em 2000, antecipou-se ao movimento de reforma agora experimentado no domínio processual administrativo. Para, novamente, perder terreno face ao normativo do contencioso administrativo, dada a amplitude dos poderes condenatórios que actualmente assistem ao juiz administrativo.

Nos tribunais tributários a teoria do alcance médio é hoje aceite de forma praticamente unanime, na delimitação do âmbito da acção. De igual forma, a jurisprudência fiscal acolhe a importante excepção acima referida [39]. O próprio legislador, ao aprovar o CPPT, introduziu uma alteração terminologia que se revela fundamental: o artigo 145.º, n.º 3 (ao substituir o artigo 165.º, n.º 3, do CPT), estabeleceu agora que *"as acções apenas podem ser propostas **sempre** que esse meio processual for o mais adequado para assegurar uma tutela plena, eficaz e efectiva do direito ou interesse legalmente protegido"*. A acção para o reconhecimento de um direito ou interesse legítimo em matéria tributária demarcou-se, definitivamente, da teoria do alcance mínimo. E abandonaram-se as dúvidas, por força deste preceito, quanto ao eventual carácter residual deste meio processual face à impugnação judicial [40].

II. O CPTA consagra de forma clara e abrangente a possibilidade de o particular obter o reconhecimento de um conjunto vasto de direitos e situações jurídicas, bem como a condenação da Administração na adopção, e não adopção, de comportamentos vários (cfr., desde logo, o artigo 2.º). A esta amplitude do princípio da tutela jurisdicional efectiva junta-se a possibilidade, consagrada de forma também muito ampla, de cumulação de pedidos (cfr. artigo 4.º).

Assim, nos termos do artigo 37.º do CPTA, os processos que tenham por objecto litígios relativos ao reconhecimento de *"situações jurídicas subjectivas*

---

[39] Por todos, valerá o Acórdão da 2.ª Secção do STA (Contencioso Tributário) de 30 de Setembro de 1998, que, debruçando-se amplamente sobre a acção para o reconhecimento de direitos (ainda sob a égide do artigo 165.º, do CPT), desde logo declara, no sumário, que *"as acções para o reconhecimento de um direito, apesar de terem a mesma dignidade e relevância que os restantes meios contenciosos, têm um campo de aplicação preciso, qual seja o de só se justificarem quando estes não assegurarem a efectiva tutela jurisdicional do direito ou interesse em causa"*, Acórdãos Doutrinais do Supremo Tribunal Administrativo, n.º 445, pp. 59 e segs..

[40] Sobre esta questão, *vide* anotação ao artigo 97.º deste Código, bem como o nosso "A tutela jurisdicional efectiva e os poderes de pronúncia do juiz em sede de acção para reconhecimento de um direito ou interesse em matéria fiscal – a teoria do alcance médio", *Fiscalidade*, n.º 13/14, Janeiro/Abril, 2003, pág. 27 e segs.

directamente decorrentes de normas jurídico-administrativas ou de actos jurídicos praticados ao abrigo de disposições de direito administrativo" [al. a) do n.º 2] e "*de qualidade ou o preenchimento de condições*" [al. b) do n.º 2]; ou a condenação da Administração "*à adopção ou abstenção de comportamentos, designadamente a condenação da Administração à não emissão de um acto administrativo, quando seja provável a emissão de um acto lesivo*" [al. c) do n.º 2], "*à adopção das condutas necessárias ao restabelecimento de direitos ou interesses violados*" [al. d) do n.º 2], "*ao cumprimento de deveres de prestar que directamente decorram de normas jurídico-administrativas e não envolvam a emissão de um acto administrativo impugnável, ou que tenham sido constituídos por actos jurídicos praticados ao abrigo de disposições de direito administrativo e que podem ter por objecto o pagamento de uma quantia, a entrega de uma coisa ou a prestação de um facto*" [al. e) do n.º 2], e, finalmente, "*ao pagamento de indemnizações decorrentes da imposição de sacrifícios por razões de interesse público*" [al. g) do n.º 2], seguem a forma da acção administrativa comum.

Por seu turno, no âmbito da acção administrativa especial pode ser pedida a condenação à prática de um acto administrativo legalmente devido [artigo 46.º, n.º 2, al. b)].

À acção administrativa comum corresponde o processo declarativo regulado no CPC, nas suas formas ordinária, sumária e sumaríssima (artigo 35.º, n.º 1 do CPTA). A acção administrativa especial, quando utilizada para obter a condenação da Administração na prática de acto legalmente devido, segue a tramitação genericamente prevista para a acção especial nos artigos 78.º a 91.º do CPTA, com as especificidades plasmadas nos artigos 66.º a 77.º do mesmo Código.

III. Atendendo à estruturação dual escolhida pelo legislador da reforma do contencioso administrativo, a grande questão que aqui tem lugar prende-se não tanto com a necessidade de articulação, mas sobretudo com a pertinência de importação do modelo. As dificuldades de conciliação entre a acção e demais meios processuais, *maxime* a impugnação judicial e mesmo a intimação para um comportamento (*vide* comentário ao artigo 147.º) reclamam uma solução sólida, compromissória e efectivamente tuteladora das posições jurídicas dos contribuintes. Sobre tal solução, na versão que propomos, *vide* anotação ao artigo 97.º.

CAPÍTULO V
Dos meios processuais acessórios

Artigo 146.º
Meios processuais acessórios

1 – Para além do meio previsto no artigo seguinte, são admitidos no processo judicial tributário os meios processuais acessórios de intimação para a consulta de documentos e passagem de certidões, de produção antecipada de prova e de execução dos julgados, os quais serão regulados pelo disposto nas normas sobre o processo nos tribunais administrativos.

2 – O prazo de execução espontânea das sentenças e acórdãos dos tribunais tributários conta-se a partir da data em que o processo tiver sido remetido ao órgão da administração tributária competente para a execução, podendo o interessado requerer a remessa no prazo de 8 dias após o trânsito em julgado da decisão.

3 – Cabe aos tribunais tributários de 1.ª instância a apreciação das questões referidas no presente artigo.

[Redacção dada pela Lei n.º 30-G/2000 de 29 de Dezembro, que *"reforma a tributação do rendimento e adopta medidas destinadas a combater a evasão e fraude fiscais, alterando o Código do Imposto sobre o Rendimento das Pessoas Singulares, o Código do Imposto sobre o Rendimento das Pessoas Colectivas, o Estatuto dos Benefícios Fiscais, a Lei Geral Tributária, o Estatuto dos Tribunais Administrativos e Fiscais, o Código de Procedimento e de Processo Tributário e legislação avulsa"*]

I. A tutela cautelar

a) Este preceito, ao admitir, no n.º 1, como meios de tutela acessória a intimação para a consulta de documentos e passagem de certidões, a produção antecipada de prova e a execução de julgados, tem como referente a revogada LPTA, e preconiza uma leitura (aparentemente) muitíssimo limitada do artigo 268.º, n.º 4, da CRP, quando este estabelece a garantia aos administrados de tutela jurisdicional efectiva dos seus direitos ou interesses legalmente protegidos, incluindo *"a adopção de medidas cautelares adequadas"*.

Ainda que à luz da LPTA, o leque de meios acessórios admitidos neste artigo 146.º apresentava-se incompleto: a suspensão de eficácia de actos administrativos não é contemplada. Todavia, a própria LPTA encontrava-se em situação de constitucionalidade duvidosa, face à tutela cautelar diminuta que oferecia aos administrados.

No entanto, fazendo uma leitura mais aproximada do preceito constitucional, Lopes de Sousa escreveu: *"tratando-se de um direito análogo aos direitos fundamentais previstos no Título II da CRP, esta norma constitucional é directamente aplicável (artigos 17.º e 18.º, n.º 1, da CRP), pelo que terá de ser reconhecida a possibilidade de adopção de medidas cautelares que forem adequadas para assegurar a tutela judicial efectiva de direitos e interesses legítimos"* [41].

Ora, a tutela cautelar das posições jurídicas dos contribuintes apresenta, neste preceito, uma intensidade muito diminuta, sobretudo agora que o legislador da reforma do processo administrativo consagrou um princípio de atipicidade das medidas cautelares, uma cláusula aberta, à semelhança do que sucede na lei processual civil. No entanto, em manifestação de péssima técnica legislativa e sistematização, o contencioso tributário está já equipado com semelhante previsão, embora descontextualizada.

O *artigo 147.º, n.º 6*, cuja epígrafe é, de forma singela "intimação para um comportamento", consagra o **princípio da atipicidade das providências cautelares**, estabelecendo:

"6 – O disposto no presente artigo aplica-se, com as adaptações necessárias, às providências cautelares a favor do contribuinte ou demais obrigados tributários, devendo o requerente invocar e provar o fundado receio de uma lesão irreparável do requerente a causar pela actuação da administração tributária e a providência requerida".

No que não esteja regulado no artigo 147.º (vide comentário ao preceito), aplica-se o regime processual civil previsto nos artigos 381.º e segs. do CPC, à luz do artigo 2.º, al. e), deste Código.

b) O CPPT consagra o princípio da atipicidade das medidas cautelares nos artigos 112.º a 134.º, admitindo aquilo que Viera de Andrade designa por *universalidade de conteúdos*: *"a lei, em cumprimento estrito da garantia constitucional, admite providências de quaisquer tipos, desde que sejam adequadas. E, obviamente – não o diz, mas resulta de vários preceitos e dos princípios gerais –, sem quaisquer limitações que não sejam as que resultam da natureza das coisas e dos limites funcionais da jurisdição administrativa. Ao juiz pode agora pedir-se tudo, tudo aquilo que seja adequado e que ele possa fazer com respeito pelos espaços de avaliação e decisão da Administração"* [42].

c) Desta forma, e apesar das deficiências sistemáticas e de legística – repare-se que o princípio da atipicidade está arrumado no derradeiro número de um preceito que regula a intimação para um comportamento, num capítulo dedicado

---

[41] Ob. cit., pág. 645.
[42] "Tutela cautelar", *Cadernos de Justiça Administrativa*, n.º 34, Julho/Agosto 2002, pág. 47.

a esta figura e portanto distinto do Capítulo V, que regula os meios processuais acessórios – o contencioso tributário compreende uma *tutela cautelar de plena jurisdição*. Deixa, no entanto, de fazer qualquer sentido a estrutura deste artigo 146.º, nomeadamente a designação "meios processuais acessórios", em especial quando, remetendo para as normas do processo administrativo, o CPTA (cfr. artigos 104.º a 108.º) consagra a intimação para a prestação de informações, consulta de processos ou passagem de certidões como processo urgente – e não acessório; e quando a execução de sentenças perde o carácter de processo declarativo complementar que o anterior regime lhe atribuía, configurada agora como verdadeiro processo executivo (*vide* o ponto II da anotação a este preceito). A produção antecipada de prova encontra-se regulada no artigo 134.º do CPTA.

II. A execução dos julgados

a) A qualificação da execução de julgados como processo acessório é, a nosso ver, infeliz mas não isenta de explicações e antecedentes: no âmbito do anterior normativo processual administrativo, o processo de execução de sentenças não era concebido como um verdadeiro processo executivo, mas antes como um processo declarativo complementar ao recurso de anulação; por outro lado, e no plano da estrutura própria do contencioso tributário, o verdadeiro processo executivo – a execução fiscal – opõe a Administração tributária-credora ao contribuinte-faltoso, num esquema de partes radicalmente oposto (e bem) à lógica da execução de sentenças do contencioso administrativo. No entanto, atendendo à estrutural reformulação do processo executivo administrativo introduzido pelo CPTA, cumpre daí retirar algumas conclusões.

b) Até à entrada em vigor do CPTA, as sentenças proferidas contra a Administração disponham de uma deficiente força executiva. O regime de execução de sentenças, previsto no Decreto-Lei n.º 276-A/77, de 17 de Junho era um instrumento muito limitado.

Esta situação manteve-se até ao momento actual essencialmente, e com Viera de Andrade [43], por quatro ordens de razão: 1) o contexto de deficiência da tutela declarativa no que respeita aos meios de acesso aos tribunais administrativos, manifestamente anulatórios e só raramente condenatórios; 2) a obrigatoriedade enfraquecida típica das sentenças anulatórias [44]; 3) a (ao menos aparente) ausência de um verdadeiro processo executivo, já que "*não havia na*

---

[43] Ob. cit., pág. 349 e segs..

[44] Frisa VIERA DE ANDRADE que "*a execução forçada do julgado carecia do requerimento particular de pronúncias declarativas complementares pelo tribunal, que teria, para determinar a execução, de, primeiro, declarar a inexistência de causa de inexecução e, depois, especificar os actos e operações em que haveria de consistir a execução*" (ob. cit., pág. 350).

lei processual administrativa a previsão de mecanismos e de providências de execução para entrega de coisa certa, para prestação de facto ou para pagamento de quantia certa"; 4) a inefectividade do processo em situações de inexecução ilícita por parte da Administração.

Actualmente, as deficiências da tutela declarativa foram colmatadas avançado-se para um verdadeiro contencioso de plena jurisdição; e, no plano da tutela executiva, "*retiraram-se todas as consequências do preceito constitucional – artigo 205.º, n.ºs 2 e 3, da CRP – que determina a obrigatoriedade das sentenças administrativas para as autoridades públicas: a Administração passa a ter o dever de execução espontânea dentro de um determinado prazo e o ónus de invocar a existência de causa legítima de inexecução, nesse prazo ou em sede de oposição ao pedido de execução do particular, que deixa de ser obrigado a requerer a declaração da respectiva inexistência*" [45].

Plasmado no Título VIII do CPTA, "*a execução das sentenças proferidas pelos tribunais administrativos **contra particulares** também corre nos tribunais administrativos, mas rege-se pelo disposto na lei processual civil*" (artigo 157.º, n.º 2).

Consagra-se, então, uma plena jurisdição executiva, que passa, nomeadamente, pelo regime de execução para prestação de factos ou de coisas (artigos 162.º a 169.º), pelo regime de execução para pagamento de quantia certa (artigos 170.º a 172.º), pelo regime de execução de sentenças para anulação de actos administrativos (artigos 173.º a 179.º), e, finalmente, pela *execução induzida* através das **sanções pecuniárias compulsórias**.

Quanto a estas, estatui o artigo 3.º, n.º 2: "*por forma a assegurar a efectividade da tutela, os tribunais administrativos podem fixar oficiosamente um prazo para o cumprimento dos deveres que imponham à Administração e aplicar, quando tal se justifique, sanções pecuniárias compulsórias*". Trata-se de uma medida de pressão sobre a Administração no sentido de compelir esta à execução voluntária da sentença; não cumprindo tal dever, segue-se uma sanção pecuniária, de carácter patrimonial ou *astreinte* que, não sendo um exclusivo do processo executivo é aqui que, nos termos do CPTA; adquire maior relevância.

De facto, o artigo 169.º, n.ºs 1, 2 e 4, dispõe:

"*1 – A imposição de sanção pecuniária consiste na condenação dos titulares dos órgãos incumbidos da execução, que para o efeito devem ser individualmente identificados, ao pagamento de uma quantia pecuniária por cada dia de atraso que, para além do prazo limite estabelecido, se possa vir a verificar na execução da sentença.*

2 – A sanção pecuniária compulsória prevista no n.º 1 é fixada segundo critérios de razoabilidade, podendo o seu montante diário oscilar entre 5% e 10% do salário mínimo nacional mais elevado em vigor no momento.

(...)

---

[45] Idem..., pág. 351.

4 – *A sanção pecuniária compulsória cessa quando se mostre ter sido realizada a execução integral da sentença, quando o exequente desista do pedido ou quando a execução já não possa ser realizada pelos destinatários da medida, por terem cessado ou sido suspensos do exercício das respectivas funções".*

c) Face à criação de um verdadeiro processo executivo em sede processual administrativa, coloca-se a questão da articulação entre a execução de julgados do contencioso tributário – que, nos termos deste artigo 146.º, remete para as normas de processo dos tribunais administrativos – e a enorme abrangência e operatividade da tutela executiva do CPTA, criada com o intuito de dar resposta executiva aos dispositivos declarativos ali consagrados – e que não encontram paralelo no processo tributário. Dir-se-á que a remissão para o processo administrativo implica *as devidas adaptações*. Diremos nós, todavia, que é urgente dotar a justiça tributária de um esquema de execução de sentenças que iguale, em sede de tutela executiva, a posição do contribuinte quando obtém uma decisão judicial favorável oponível à Administração, face à tutela executiva de que a Administração é destinatária, no âmbito do processo de execução fiscal.

Artigo 146.º-A
Processo especial de derrogação do dever de sigilo bancário

1 – O processo especial de derrogação do dever de sigilo bancário aplica-se às situações legalmente previstas de acesso da administração tributária à informação bancária para fins fiscais.

2 – O processo especial previsto no número anterior reveste as seguintes formas:

***a*) Recurso interposto pelo contribuinte;**
***b*) Pedido de autorização da administração tributária.**

[Redacção dada pela Lei n.º 30-G/2000 de 29 de Dezembro, que *"reforma a tributação do rendimento e adopta medidas destinadas a combater a evasão e fraude fiscais, alterando o Código do Imposto sobre o Rendimento das Pessoas Singulares, o Código do Imposto sobre o Rendimento das Pessoas Colectivas, o Estatuto dos Benefícios Fiscais, a Lei Geral Tributária, o Estatuto dos Tribunais Administrativos e Fiscais, o Código de Procedimento e de Processo Tributário e legislação avulsa"*]

Artigo 146.º-B
Tramitação do recurso interposto pelo contribuinte

1 – O contribuinte que pretenda recorrer da decisão da administração tributária que lhe diga respeito deve justificar sumaria-

mente as razões da sua discordância em requerimento apresentando no tribunal tributário de 1.ª instância da área do seu domicílio fiscal.

2- A petição referida no número anterior deve ser apresentada no prazo de 10 dias a contar da data em que foi notificado da decisão, independentemente da lei atribuir à mesma efeito suspensivo ou devolutivo.

3 – A petição referida no número anterior não obedece a formalidade especial, não tem de ser subscrita por advogado e deve ser acompanhada dos respectivos elementos de prova, que devem revestir natureza exclusivamente documental.

4 – O director-geral dos Impostos ou o director-geral das Alfândegas e dos Impostos Especiais sobre o Consumo são notificados para, querendo, deduzirem oposição no prazo de 10 dias, a qual deve ser acompanhada dos respectivos elementos de prova.

5 – As regras dos números precedentes aplicam-se, com as necessárias adaptações, ao recurso previsto no artigo 89.º-A da Lei Geral Tributária.

[Redacção dada pela Lei n.º 30-G/2000 de 29 de Dezembro, que *"reforma a tributação do rendimento e adopta medidas destinadas a combater a evasão e fraude fiscais, alterando o Código do Imposto sobre o Rendimento das Pessoas Singulares, o Código do Imposto sobre o Rendimento das Pessoas Colectivas, o Estatuto dos Benefícios Fiscais, a Lei Geral Tributária, o Estatuto dos Tribunais Administrativos e Fiscais, o Código de Procedimento e de Processo Tributário e legislação avulsa"*]

Artigo 146.º-C
Tramitação do pedido de autorização da administração tributária

1 – Quando a administração tributária pretenda aceder à informação bancária referente a familiares do contribuinte ou de terceiros com ela relacionados, pode requerer ao tribunal tributário de 1.ª instância da área do domicílio fiscal do visado a respectiva autorização.

2 – O pedido de autorização não obedece a formalidade especial e deve ser acompanhado pelos respectivos elementos de prova.

3 – O visado é notificado para, querendo, deduzir oposição no prazo de 10 dias, a qual deve ser acompanhada dos respectivos elementos de prova.

[Redacção dada pela Lei n.º 30-G/2000 de 29 de Dezembro, que *"reforma a tributação do rendimento e adopta medidas destinadas a combater a evasão e fraude fiscais, alterando o Código do Imposto sobre o Rendimento das Pessoas Singulares, o Código do Imposto sobre o Rendimento das Pessoas Colectivas, o Estatuto dos Benefícios Fiscais, a Lei Geral Tributária, o Estatuto dos Tribunais Administrativos e Fiscais, o Código de Procedimento e de Processo Tributário e legislação avulsa"]*

Artigo 146.º-D
Processo urgente

1 – Os processos referidos nos artigos 146.º-B e 146.º-C são tramitados como processos urgentes.

2 – A decisão judicial deve ser proferida no prazo de 90 dias a contar da data de apresentação do requerimento inicial.

[Redacção dada pela Lei n.º 30-G/2000 de 29 de Dezembro, que *"reforma a tributação do rendimento e adopta medidas destinadas a combater a evasão e fraude fiscais, alterando o Código do Imposto sobre o Rendimento das Pessoas Singulares, o Código do Imposto sobre o Rendimento das Pessoas Colectivas, o Estatuto dos Benefícios Fiscais, a Lei Geral Tributária, o Estatuto dos Tribunais Administrativos e Fiscais, o Código de Procedimento e de Processo Tributário e legislação avulsa"]*

CAPÍTULO VI
Da intimação para um comportamento

Artigo 147.º
Intimação para um comportamento

1 – Em caso de omissão, por parte da administração tributária, do dever de qualquer prestação jurídica susceptível de lesar direito ou interesse legítimo em matéria tributária, poderá o interessado requerer a sua intimação para o cumprimento desse dever junto do tribunal tributário competente.

2 – O presente meio só é aplicável quando, vistos os restantes meios contenciosos previstos no presente Código, ele for o meio mais adequado para assegurar a tutela plena, eficaz e efectiva dos direitos ou interesses em causa.

3 – No requerimento dirigido ao tribunal tributário de 1.ª instância deve o requerente identificar a omissão, o direito ou interesse legítimo violado ou lesado ou susceptível de violação ou lesão e o procedimento ou procedimentos a praticar pela administração tributária para os efeitos previstos no n.º 1.

4 – A administração tributária pronunciar-se-á sobre o requerimento do contribuinte no prazo de 15 dias, findos os quais o juiz resolverá, intimando, se for caso disso, a administração tributária a reintegrar o direito, reparar a lesão ou adoptar a conduta que se revelar necessária, que poderá incluir a prática de actos administrativos, no prazo que considerar razoável, que não poderá ser inferior a 30 nem superior a 120 dias.

5 – A decisão judicial especificará os actos a praticar para integral cumprimento do dever referido no n.º 1.

6 – O disposto no presente artigo aplica-se, com as adaptações necessárias, às providências cautelares a favor do contribuinte ou demais obrigados tributários, devendo o requerente invocar e provar o fundado receio de uma lesão irreparável do requerente a causar pela actuação da administração tributária e a providência requerida.

I. A intimação para um comportamento surgiu no ordenamento jurídico-administrativo a 16 de Julho de 1985, consagrada nos artigos 86.º a 91.º da então aprovada LPTA (Decreto-Lei n.º 267/85) [46]. No âmbito do contencioso administrativo, a sua natureza jurídico-processual foi, desde o primeiro momento, claríssima: tratava-se – como decorria da epígrafe do Capítulo VII, onde se inseria a sua regulamentação – de um meio processual acessório, sem par no direito comparado. Salientava, à época, Sérvulo Correia que *"a essência da novidade do instituto reside em se tratar de um meio processual que, não obstante a sua inserção no Contencioso Administrativo, dispensa a participação da Administração (...) surge-nos agora um meio processual onde, pelo menos na maioria das vezes, apenas se defrontarão particulares"* [47]. Este meio cautelar ganhou nova vida, pelo menos no âmbito da discussão doutrinária, com a nova redacção do artigo 268.º, n.º 4, introduzida pela revisão constitucional de 1997, no seio da qual *"nasce a atribuição constitucional de um poder de determinar a prática de actos administrativos legalmente devidos pela Administração conferido aos tribunais"* [48]. Aliás, *"a intimação para um comportamento foi a base de onde se partiu para introduzir esta inovação constitucional. Não tanto por corresponder à formulação mais adequada da ideia de injunção, mas antes*

---

[46] Sobre este meio processual, vide o nosso "Breves considerações em torno da intimação para um comportamento em matéria tributária", Fiscalidade, n.º 17, Janeiro, 2004, pág. 99-115.

[47] Prefácio à monografia de RICARDO LEITE PINTO, *Intimação para um comportamento, contributo para o estudo dos procedimentos cautelares no contencioso administrativo*, Edições Cosmos, 1995.

[48] MARTA REBELO, "A acção condenatória na reforma...", ob. cit., pág. 670.

porque, também aqui, a prudência aconselhava que se aproveitasse a experiência já acumulada" [49-50].

No âmbito do processo tributário, a intimação só seria consagrada com a entrada em vigor da LGT, conhecendo regulamentação processual com o CPPT que estabeleceu, no artigo 147.º, o âmbito, finalidade, pressupostos e tramitação da intimação para um comportamento em matéria tributária. Esta consagração, se colheu alguns dos frutos da discussão em torno da figura no contexto do processo administrativo, não conheceu solução pacífica em relação à natureza jurídico-processual da intimação. De facto, a doutrina não é unanime na configuração a oferecer-lhe. Se Casalta Nabais considera que com a entrada em vigor da LGT e consagração da intimação no elenco dos meios processuais tributários, assistiu-se à previsão *"pela primeira vez entre nós, a intimação para um comportamento como meio processual principal e como um meio dirigido contra a Administração"* [51], outros autores enquadram a intimação no leque dos meios cautelares. É o caso de Diogo Leite de Campos, Benjamim Silva Rodrigues e Lopes de Sousa, que, nas suas anotações à LGT, entendem que *"este processo tem a natureza de uma autêntica providência cautelar relativamente ao processo contencioso correspondente"*. [52]

II. Não poderão, no entanto, restar dúvidas quanto à sua natureza processual de meio principal ou autónomo, tal como se encontra configurado neste Código. A própria inserção sistemática do artigo 147.º na estrutura do CPPT aponta neste sentido: no Título III – *"Do Processo Judicial Tributário"* – o Capítulo III trata *"Dos processos de acção cautelar"*; o Capítulo IV da *"Acção para o reconhecimento de um direito ou interesse legítimo em matéria tributária"*; o Capítulo V trata *"Dos meios processuais acessórios"*; e, finalmente, a encerrar este Titulo III do CPPT, surge a intimação para um comportamento, cujo regime se encontra no Capítulo VI – propositadamente isolado do capítulo

---

[49] ANTÓNIO DUARTE DE ALMEIDA, CLÁUDIO MONTEIRO e JOSÉ LUÍS MOREIRA DA SILVA, "A caminho da plenitude da justiça administrativa", *Cadernos de Justiça Administrativa*, n.º 7, Janeiro/Fevereiro, 1998, pág. 5.

[50] A grande questão em torno da possibilidade de condenação da Administração – e, consequentemente, também em torno da intimação – era *"a de saber se o poder conferido ao Tribunal Administrativo na intimação para um comportamento é um poder jurisdicional de substituição em relação à Administração ou, dito de outra forma, um poder indirecto de suprir a acção ou omissão ilegal daquela, o que coloca o problema das fronteiras entre a função administrativa e a função jurisdicional no quadro do Estado de Direito Democrático"* (RICARDO LEITE PINTO, ob. cit., pág. 12). Esta questão, no entanto, encontra-se hoje ultrapassada – cfr. o nosso escrito "A tutela jurisdicional efectiva e os poderes de pronúncia do juiz em sede de acção para o reconhecimento de um direito ou interesse em matéria fiscal", *Fiscalidade*, n.º 13/14, Janeiro/Abril 2003, pág. 31.

[51] Ob. cit., pág. 382.

[52] *Lei Geral Tributária*, comentada e anotada, 3.ª edição, Setembro 2003, Vislis Editores, pág. 530.

precedente, dos meios acessórios. Repare-se que, nos acórdãos em análise, em nenhum momento a intimação é caracterizada como meio acessório.

III. Será extremamente útil observar o destino oferecido à intimação pela recente reforma do contencioso administrativo. No âmbito do CPTA a intimação para um comportamento, à luz do alterado artigo 268.º, n.º 4 da Constituição e de todo o adquirido em torno desta figura – da questão da legitimidade passiva e activa, da sua natureza principal ou acessória, das suas potencialidades condenatórias e da evolução que sofreu – dilui-se num conjunto vasto de disposições. Para aqueles que encararam a intimação de uma perspectiva absolutamente minimalista, a intimação para um comportamento-**meio acessório** encontra-se prevista no artigo 112.º, n.º 2, alínea f): *"além das providências especificadas no Código de Processo Civil, com as adaptações que se justifiquem, nos casos em que se revelem adequadas, as providências cautelares a adoptar podem consistir designadamente na: h) intimação para a adopção ou abstenção de uma conduta por parte da Administração ou de um particular, designadamente um concessionário, por alegada violação ou fundado receio de violação de normas de direito administrativo"*. No entanto, encontramos a mesma intimação para um comportamento confi-gurada, também, como meio principal, no âmbito da **acção administrativa comum**. Dispõe o artigo 37.º, n.º 3: *"quando, sem fundamento em acto administrativo impugnável, particulares, nomeadamente concessionários, violem vínculos jurídico-administrativos decorrentes de normas, actos administrativos ou contratos, ou haja fundado receio de que os possam violar, sem que, solicitadas a fazê-lo, as autoridades competentes tenham adoptado as medidas adequadas, qualquer pessoa ou entidade cujos direitos ou interesses sejam directamente ofendidos pode pedir ao tribunal que condene os mesmos a adoptarem ou a absterem-se de certo comportamento, por forma a assegurar o cumprimento dos vínculos em causa"*.

E, quando esteja em causa uma omissão ou recusa ilegal da Administração, *"a **acção administrativa especial** pode ser utilizada para obter a condenação da entidade competente à prática, dentro de determinado prazo, de um acto administrativo ilegalmente omitido ou recusado"* (n.º 1 do artigo 66.º). E, finalmente, quando *"a célere emissão de uma decisão de mérito que imponha à Administração a adopção de uma conduta positiva ou negativa se revele indispensável para assegurar o exercício, em tempo útil, de um direito, liberdade ou garantia, por não ser possível ou suficiente, nas circunstâncias do caso, o decretamento provisório de uma providencia cautelar"* a intimação para protecção de direitos, liberdades e garantias ganha contornos de processo urgente, nos termos do artigo 109.º, n.º 1. O processo de intimação para protecção de direitos, liberdades e garantias poderá, de igual sorte, ser dirigido *"contra particulares, designadamente concessionários, nomeadamente para suprir a omissão, por parte da Administração, das providências adequadas a prevenir ou reprimir condutas lesivas dos direitos, liberdades e garantias do interessado"* (cfr. n.º 2 do artigo 109.º).

IV. A delimitação do âmbito de aplicação da intimação e da acção para o reconhecimento de direitos poderá levantar problemas adicionais e mais complexos do que os resultantes da confrontação entre a intimação e outros meios processuais, na medida em que a lei acaba por atribuir-lhes uma natureza de alguma residualidade perante os demais meios processuais, e em que ambas oferecem potencialidades condenatórias.

O emprego da intimação pressupõe a definição prévia da existência de um direito ou interesse legítimo, que pode resultar directamente da lei (sem que haja qualquer margem de discricionariedade administrativa) ou decorrer de uma situação fáctica. Ou seja, este meio processual não tem quaisquer virtualidades declarativas. Não havendo segurança quanto à efectiva existência do direito ou interesse em causa, haverá lugar à interposição de acção para o reconhecimento do mesmo [53]. Desta forma, a declaração ou reconhecimento de direitos ou interesses legítimos só poderá ser obtida em sede de acção para o reconhecimento e nunca no âmbito de uma intimação. Já quanto à possibilidade de emissão de decisões condenatórias, a sobreposição das esferas de competências dos dois meios processuais é evidente. Aqui, e mais uma vez, será necessário submeter a situação a uma análise casuística, que dê expressão ao princípio da tutela jurisdicional efectiva. Deste modo, poderão as especiais características da intimação para um comportamento ditar a sua adequação, em concreto: o seu carácter urgente, a celeridade e simplicidade processual traduzem uma componente temporal que poderá tutelar de forma mais intensa e eficaz a posição jurídica do contribuinte.

Sendo certo que, como vimos, no âmbito da recente reforma do contencioso administrativo, o legislador acabou por concretizar o comando constitucional plasmado desde 1997 no artigo 268.º, n.º 4, de tal forma que provocou a diluição do recurso contencioso, da acção para o reconhecimento de direitos e da intimação para um comportamento na hipótese, mais vasta, de emissão de sentenças condenatórias, e na consagração de um princípio de atipicidade das providências cautelares, o CPPT – localizado temporalmente num período que medeia o antigo regime da LPTA e o novo CPTA – continua a consagrar estes meios processuais de forma absolutamente separada. E sobre o legislador impende a presunção de utilidade das suas criações processuais – cabendo à prática, à doutrina e à jurisprudência encontrar tal sentido útil das disposições legais.

V. Apesar de tudo quanto fica dito, cabe retirar conclusões do confronto entre o regime a que o CPPT sujeita a intimação para um comportamento e o mencionado regime do CPTA. As conclusões são de ordem estrutural, e reportam-se ao modelo processual proposto em anotação ao artigo 97.º – quanto aos meios processuais principais – bem como ao artigo 146.º – quanto aos meios processuais acessórios ou cautelares – leituras para as quais remetemos.

---

[53] Registámos já, noutra sede, que a pronúncia declarativa, o efeito declarativo da sentença ou, se preferirmos, a *"pronúncia pós-constitutiva do direito ou interesse"* integra-se *"no núcleo indiscutível do âmbito da acção, à luz da teoria do alcance mínimo e mesmo dos olhares (ultrapassados?) mais cépticos"* ("A tutela...", ob. cit., pág. 34).

TÍTULO IV
Da Execução Fiscal

CAPÍTULO I
Disposições gerais

SECÇÃO I
Do âmbito

ARTIGO 148.º
Âmbito da execução fiscal

1 – O processo de execução fiscal abrange a cobrança coerciva das seguintes dívidas:

a) Tributos, incluindo impostos aduaneiros, especiais e extrafiscais, taxas, demais contribuições financeiras a favor do Estado, adicionais cumulativamente cobrados, juros e outros encargos legais;

b) Coimas e outras sanções pecuniárias fixadas em decisões, sentenças ou acórdãos relativos a contra-ordenações tributárias, salvo quando aplicadas pelos tribunais comuns.

2 – Poderão ser igualmente cobradas mediante processo de execução fiscal, nos casos e termos expressamente previstos na lei:

a) Outras dívidas ao Estado e a outras pessoas colectivas de direito público que devam ser pagas por força de acto administrativo;

b) Reembolsos ou reposições.

I. O processo de execução fiscal, pela sua peculiaridade e características absolutamente específicas, não encontra paralelo no âmbito do direito processual administrativo – nem deveria encontrar: o processo executivo que se regula no CPTA tem subjacente outro tipo de relação jurídica – a Administração que não cumpre a decisão do Tribunal/ o particular lesado que solicita, em sede de tutela executiva, o cumprimento de tal decisão.

Antes, é o direito administrativo que convoca as regras da execução fiscal quando, nos artigos 149.º, n.º 3 e 155.º, do CPA, remete a cobrança coerciva das obrigações pecuniárias dos particulares resultantes de actos administrativos em geral, para as regras sobre a execução fiscal.

SECÇÃO II
Da competência

Artigo 149.º
Órgão da execução fiscal

Considera-se, para efeito do presente Código, órgão da execução fiscal o serviço periférico local da administração tributária onde deva legalmente correr a execução ou, quando esta deva correr nos tribunais comuns, o tribunal competente.

Artigo 150.º
Competência territorial

É competente para a execução fiscal o órgão da execução fiscal do domicílio ou sede do devedor, da situação dos bens ou da liquidação, salvo tratando-se de coima fiscal e respectivas custas, caso em que será competente o órgão da execução fiscal da área onde tiver corrido o processo da sua aplicação.

Artigo 151.º
Competência dos tribunais tributários

1 – Compete ao tribunal tributário de 1.ª instância da área onde correr a execução, depois de ouvido o Ministério Público nos termos do presente Código, decidir os incidentes, os embargos, a oposição, incluindo quando incida sobre os pressupostos da responsabilidade subsidiária, a graduação e verificação de créditos e as reclamações dos actos materialmente administrativos praticados pelos órgãos da execução fiscal.

2 – O disposto no presente artigo não se aplica quando a execução fiscal deva correr nos tribunais comuns, caso em que cabe a estes tribunais o integral conhecimento das questões referidas no número anterior.

SECÇÃO III

Da legitimidade

SUBSECÇÃO I

Da legitimidade dos exequentes

ARTIGO 152.º

Legitimidade dos exequentes

1 – Tem legitimidade para promover a execução das dívidas referidas no artigo 148.º o órgão da execução fiscal.

2 – Quando a execução fiscal correr nos tribunais comuns, a legitimidade para promoção da execução é, nos termos da lei, do Ministério Público.

SUBSECÇÃO II

Da legitimidade dos executados

ARTIGO 153.º

Legitimidade dos executados

1 – Podem ser executados no processo de execução fiscal os devedores originários e seus sucessores dos tributos e demais dívidas referidas no artigo 148.º, bem como os garantes que se tenham obrigado como principais pagadores, até ao limite da garantia prestada.

2 – O chamamento à execução dos responsáveis subsidiários depende da verificação de qualquer das seguintes circunstâncias:

a) Inexistência de bens penhoráveis do devedor e seus sucessores;
b) Fundada insuficiência, de acordo com os elementos constantes do auto de penhora e outros de que o órgão da execução fiscal disponha, do património do devedor para a satisfação da dívida exequenda e acrescido.

ARTIGO 154.º

Legitimidade do cabeça de casal

Se, no decurso do processo de execução, falecer o executado, são válidos todos os actos praticados pelo cabeça-de-casal independentemente da habilitação de herdeiros nos termos do presente Código.

Artigo 155.º
Partilha entre sucessores

1 – Tendo-se verificado a partilha entre os sucessores da pessoa que no título figurar como devedor, o órgão da execução fiscal ordenará, para efeito de citação dos herdeiros, a destrinça da parte que cada um deles deva pagar.

2 – Em relação a cada devedor será processada guia ou documento equivalente em triplicado, com a indicação de que foi passada nos termos deste artigo, servindo um dos exemplares de recibo ao contribuinte.

3 – Para efeito dos números anteriores, quando quem realizar a citação verificar que o executado faleceu, prestará informação em que declare:

   a) No caso de ter havido partilhas, os herdeiros e as suas quotas hereditárias;
   b) Não tendo havido partilhas, os herdeiros, caso sejam conhecidos, e se está pendente inventário.

4 – No caso da alínea a) do número anterior será mandado citar cada um dos herdeiros para pagar o que proporcionalmente lhe competir na dívida exequenda e, no da alínea b), citar-se-á, respectivamente, consoante esteja ou não a correr inventário, o cabeça-de-casal ou qualquer dos herdeiros para pagar toda a dívida sob cominação de penhora em quaisquer bens da herança, fazendo-se a citação dos herdeiros incertos por editais.

Artigo 156.º
Falência do executado

Se o funcionário ou a pessoa que deva realizar o acto verificarem que o executado foi declarado em estado de falência, o órgão da execução fiscal ordenará que a citação se faça na pessoa do liquidatário judicial.

Artigo 157.º
Reversão contra terceiros adquirentes de bens

1 – Na falta ou insuficiência de bens do originário devedor ou dos seus sucessores e se se tratar de dívida com direito de sequela sobre bens que se tenham transmitido a terceiros, contra estes rever-

terá a execução, salvo se a transmissão se tiver realizado por venda em processo a que a Fazenda Pública devesse ser chamada a deduzir os seus direitos.

2 – Os terceiros só respondem pelo imposto relativo aos bens transmitidos e apenas estes podem ser penhorados na execução, a não ser que aqueles nomeiem outros bens em sua substituição e o órgão da execução fiscal considere não haver prejuízo.

Artigo 158.º
Reversão contra possuidores

1 – Se, nos impostos sobre a propriedade mobiliária ou imobiliária, se verificar que a dívida liquidada em nome do actual possuidor, fruidor ou proprietário dos bens respeita a um período anterior ao início dessa posse, fruição ou propriedade, a execução reverterá, nos termos da lei, contra o antigo possuidor, fruidor ou proprietário.

2 – Se, nas execuções referidas no número anterior, se verificar que os títulos de cobrança foram processados em nome do antigo possuidor, fruidor ou proprietário, o funcionário ou outra pessoa que deva realizar a citação informará quem foi o possuidor, fruidor ou proprietário dos bens durante o período a que respeita a dívida exequenda, para que o órgão da execução fiscal o mande citar, se for caso disso, segundo as leis tributárias.

Artigo 159.º
Reversão no caso de substituição tributária

No caso de substituição tributária e na falta ou insuficiência de bens do devedor, a execução reverterá contra os responsáveis subsidiários.

Artigo 160.º
Reversão no caso de pluralidade de responsáveis subsidiários

1 – Quando a execução reverta contra responsáveis subsidiários, o órgão da execução fiscal mandá-los-á citar todos, depois de obtida informação no processo sobre as quantias por que respondem.

2 – A falta de citação de qualquer dos responsáveis não prejudica o andamento da execução contra os restantes.

3 – Se o pagamento não for efectuado dentro do prazo ou decaírem na oposição deduzida, os responsáveis subsidiários suportarão, além das custas a que tenham dado causa, as que forem devidas pelos originários devedores.

Artigo 161.º
Reversão da execução contra funcionários

1 – Os funcionários que intervierem no processo ficarão subsidiariamente responsáveis, pela importância das dívidas que não puderam ser cobradas, por qualquer dos seguintes actos, desde que dolosamente praticados:

a) Quando, por terem dado causa à instauração tardia da execução, por passarem mandado para penhora fora do prazo legal ou por não o terem cumprido atempadamente, não forem encontrados bens suficientes ao executado ou aos responsáveis;

b) Quando, sendo conhecidos bens penhoráveis, lavrarem auto de diligência a testar a sua inexistência;

c) Quando possibilitem um novo estado de insolvência por não informarem nas execuções declaradas em falhas que os devedores ou responsáveis adquiriram posteriormente bens penhoráveis.

2 – A responsabilidade subsidiária do funcionário só poderá ser exercida após condenação em processo disciplinar pelos factos referidos no número anterior.

SECÇÃO IV
Dos títulos executivos

Artigo 162.º
Espécies de títulos executivos

Só podem servir de base à execução fiscal os seguintes títulos executivos:

a) Certidão extraída do título de cobrança relativa a tributos e outras receitas do Estado;

b) Certidão de decisão exequível proferida em processo de aplicação das coimas;

c) Certidão do acto administrativo que determina a dívida a ser paga;
d) Qualquer outro título a que, por lei especial, seja atribuída força executiva.

Artigo 163.º
Requisitos dos títulos executivos

1 – Carece de força executiva, devendo ser devolvido à entidade que o tiver extraído ou remetido, o título a que falte algum dos seguintes requisitos:

a) Menção da entidade emissora ou promotora da execução e respectiva assinatura, que poderá ser efectuada por chancela nos termos do presente Código;
b) Data em que foi emitido;
c) Nome e domicílio do ou dos devedores;
d) Natureza e proveniência da dívida e indicação, por extenso, do seu montante.

2 – No título executivo deve ainda indicar-se a data a partir da qual são devidos juros de mora e a importância sobre que incidem, devendo, na sua falta, esta indicação ser solicitada à entidade competente.

Artigo 164.º
Elementos que acompanham o título executivo

A entidade promotora da execução pode juntar ao título executivo, se o entender necessário, uma nota de que conste o resumo da situação que serviu de base à instauração do processo.

SECÇÃO V
Das nulidades processuais

Artigo 165.º
Nulidades. Regime

1 – São nulidades insanáveis em processo de execução fiscal:
a) A falta de citação, quando possa prejudicar a defesa do interessado;

b) A falta de requisitos essenciais do título executivo, quando não puder ser suprida por prova documental.

2 – As nulidades dos actos têm por efeito a anulação dos termos subsequentes do processo que deles dependam absolutamente, aproveitando-se as peças úteis ao apuramento dos factos.

3 – Se o respectivo representante tiver sido citado, a nulidade por falta de citação do inabilitado por prodigalidade só invalidará os actos posteriores à penhora.

4 – As nulidades mencionadas são de conhecimento oficioso e podem ser arguidas até ao trânsito em julgado da decisão final.

SECÇÃO VI
Dos incidentes e impugnações

ARTIGO 166.º
Incidentes da instância e impugnações

1 – São admitidos no processo de execução fiscal os seguintes incidentes:
a) Embargos de terceiros;
b) Habilitação de herdeiros;
c) Apoio judiciário.

2 – À impugnação da genuinidade de qualquer documento aplica-se o disposto no n.º 4 do artigo 115.º.

ARTIGO 167.º
Incidente de embargo de terceiros

O incidente dos embargos de terceiros, quando não forem liminarmente indeferidos na parte que não estiver regulada no presente Código, rege-se pelas disposições aplicáveis à oposição à execução.

ARTIGO 168.º
Incidente de habilitação de terceiros

1 – No caso de falecimento do executado, será informado no processo quem são os herdeiros, nos termos do n.º 3 do artigo 155.º.

2 – O disposto no número anterior aplica-se à habilitação das sucessões do embargante e do credor reclamante de créditos.

SECÇÃO VII
Da suspensão, interrupção e extinção do processo

Artigo 169.º
Suspensão da execução. Garantias

1 – A execução ficará suspensa até à decisão do pleito em caso de reclamação graciosa, a impugnação judicial ou recurso judicial que tenham por objecto a legalidade da dívida exequenda desde que tenha sido constituída garantia nos termos do artigo 195.º ou prestada nos termos do artigo 199.º ou a penhora garanta a totalidade da quantia exequenda e do acrescido, o que será informado no processo pelo funcionário competente.

2 – Se não houver garantia constituída ou prestada, nem penhora, ou os bens penhorados não garantirem a dívida exequenda e acrescido, será ordenada a notificação do executado para prestar a garantia referida no número anterior dentro do prazo de 15 dias.

3 – Se a garantia não for prestada nos termos do número anterior, proceder-se-á de imediato à penhora.

4 – O executado que não der conhecimento da existência de processo que justifique a suspensão da execução responderá pelas custas relativas ao processado posterior à penhora.

5 – Se for recebida a oposição à execução, aplicar-se-á o disposto nos n.ºs 1, 2 e 3.

6 – O disposto no presente artigo não se aplica às dívidas de recursos próprios comunitários.

[Redacção dada pela Lei n.º 32-B/2002 de 30 de Dezembro, *Lei do Orçamento do Estado para 2003*.

A presente "alteração" repõe os números 5 e 6 do art. 169º tal como existiam na data em que o CPPT foi aprovado e que, por lapso, tinham sido omitidos a quando da republicação do CPPT operada pela Lei n.º 15/2001 de 5 de Junho – art.13.º]

Artigo 170.º
Dispensa da prestação de garantia

1 – Quando a garantia possa ser dispensada nos termos previstos na lei, deve o executado requerer a dispensa ao órgão da execução fiscal no prazo referido no n.º 2 do artigo anterior.

2 – Caso o fundamento da dispensa da garantia seja superveniente ao termo daquele prazo, deve a dispensa ser requerida no prazo de 30 dias após a sua ocorrência.

3 – O pedido a dirigir ao órgão da execução fiscal deve ser fundamentado de facto e de direito e instruído com a prova documental necessária.

4 – O pedido de dispensa de garantia será resolvido no prazo de 10 dias após a sua apresentação.

Artigo 171.º
Indemnização em caso de garantia indevida

1 – A indemnização em caso de garantia bancária ou equivalente indevidamente prestada será requerida no processo em que seja controvertida a legalidade da dívida exequenda.

2 – A indemnização deve ser solicitada na reclamação, impugnação ou recurso ou em caso de o seu fundamento ser superveniente no prazo de 30 dias após a sua ocorrência.

Artigo 172.º
Suspensão da execução em virtude de acção judicial sobre os bens penhorados

A acção judicial que tenha por objecto a propriedade ou posse dos bens penhorados suspende a execução quanto a esses bens, sem prejuízo de continuar noutros bens.

Artigo 173.º
Suspensão da execução nos órgãos da execução fiscal deprecado

A suspensão da execução poderá decretar-se no órgão da execução fiscal deprecado, se este dispuser dos elementos necessários e aí puder ser efectuada a penhora.

Artigo 174.º
Impossibilidade de deserção

1 – A interrupção do processo de execução fiscal nunca dá causa à deserção.

2 – O executado será notificado quando a execução prossiga a requerimento do sub-rogado.

ARTIGO 175.º

Prescrição ou duplicação da colecta

A prescrição ou duplicação da colecta serão conhecidas oficiosamente pelo juiz se o órgão da execução fiscal que anteriormente tenha intervido o não tiver feito.

ARTIGO 176.º

Extinção do processo

1 – O processo de execução fiscal extingue-se:

a) Por pagamento da quantia exequenda e do acrescido;
b) Por anulação da dívida ou do processo;
c) Por qualquer outra forma prevista na lei.

2 – Nas execuções por coimas ou outras sanções pecuniárias o processo executivo extingue-se também:

a) Por morte do infractor;
b) Por amnistia da contra-ordenação;
c) Pela prescrição das coimas e sanções acessórias;
d) Pela anulação da decisão condenatória em processo de revisão.

ARTIGO 177.º

Prazo de extinção da execução

A extinção da execução verificar-se-á dentro de um ano contado da instauração, salvo causas insuperáveis, devidamente justificadas.

CAPÍTULO II
Do processo

SECÇÃO I
Disposições gerais

ARTIGO 178.º

Coligação de exequentes

1 – A administração tributária pode coligar-se, em processo de execução, às instituições do sistema de solidariedade e segurança social.

2 – A coligação é decidida pelos membros do Governo competentes ou por aqueles em quem estes delegarem.

3 – O processo de execução é instaurado e instruído pelo maior credor.

[Redacção dada pela Lei n.º 15/2001, de 5 de Junho, que *"Reforça as garantias do contribuinte e a simplificação processual, reformula a organização judiciária tributária e estabelece um novo regime geral para as infracções tributárias"*]

ARTIGO 179.º
Apensação de exequentes

1 – Correndo contra o mesmo executado várias execuções, nos termos deste Código, serão apensadas, oficiosamente ou a requerimento dele, quando se encontrarem na mesma fase.

2 – A apensação será feita à mais adiantada dessas execuções.

3 – A apensação não se fará quando possa prejudicar o cumprimento de formalidades especiais ou, por qualquer outro motivo, possa comprometer a eficácia da execução.

4 – Proceder-se-á à desapensação sempre que, em relação a qualquer das execuções apensadas, se verifiquem circunstâncias de que possa resultar prejuízo para o andamento das restantes.

ARTIGO 180.º
Efeito do processo de recuperação da empresa
e de falência na execução fiscal

1 – Proferido o despacho judicial de prosseguimento da acção de recuperação da empresa ou declarada falência, serão sustados os processos de execução fiscal que se encontrem pendentes e todos os que de novo vierem a ser instaurados contra a mesma empresa, logo após a sua instauração.

2 – O tribunal judicial competente avocará os processos de execução fiscal pendentes, os quais serão apensados ao processo de recuperação ou ao processo de falência, onde o Ministério Público reclamará o pagamento dos respectivos créditos pelos meios aí previstos, se não estiver constituído mandatário especial.

3 – Os processos de execução fiscal, antes de remetidos ao tribunal judicial, serão contados, fazendo-se neles o cálculo dos juros de mora devidos.

4 – Os processos de execução fiscal avocados serão devolvidos no prazo de 8 dias, quando cesse o processo de recuperação ou logo que finde o de falência.

5 – Se a empresa, o falido ou os responsáveis subsidiários vierem a adquirir bens em qualquer altura, o processo de execução fiscal prossegue para cobrança do que se mostre em dívida à Fazenda Pública, sem prejuízo das obrigações contraídas por esta no âmbito do processo de recuperação, bem como sem prejuízo da prescrição.

6 – O disposto neste artigo não se aplica aos créditos vencidos após a declaração de falência ou despacho de prosseguimento da acção de recuperação da empresa, que seguirão os termos normais até à extinção da execução.

Artigo 181.º
Deveres tributários do liquidatário judicial da falência

1 – Declarada a falência, o liquidatário judicial requererá, no prazo de 10 dias a contar da notificação da sentença, a citação pessoal dos chefes dos serviços periféricos locais da área do domicílio fiscal do falido ou onde possua bens ou onde exista qualquer estabelecimento comercial ou industrial que lhe pertença, para, no prazo de 15 dias, remeterem certidão das dívidas do falido à Fazenda Pública, aplicando-se o disposto nos n.ºs 2, 3 e 4 do artigo 80.º do presente Código.

2 – No prazo de 10 dias a contar da notificação da sentença que tiver declarado a falência ou da citação que lhe tenha sido feita em processo de execução fiscal, requererá o liquidatário judicial, sob pena de incorrer em responsabilidade subsidiária, a avocação dos processos em que o falido seja executado ou responsável e que se encontrem pendentes nos órgãos da execução fiscal do seu domicílio, e daqueles onde tenha bens ou exerça comércio ou indústria, a fim de serem apensados ao processo de falência.

[Redacção dada pela Lei n.º 109-B/2001, de 27 de Dezembro, *Lei do Orçamento do Estado para 2002*]

Artigo 182.º
Impossibilidade da declaração de falência

1 – Em processo de execução fiscal não pode ser declarada a falência ou insolvência do executado.

2 – Sem prejuízo do disposto no número anterior e da prossecução da execução fiscal contra os responsáveis solidários ou subsidiários, quando os houver, o órgão da execução fiscal, em caso de concluir pela inexistência ou fundada insuficiência dos bens penhoráveis do devedor para o pagamento da dívida exequenda e acrescido, comunicará o facto ao representante do Ministério Público competente para que apresente o pedido da declaração da falência no tribunal competente, sem prejuízo da possibilidade de apresentação do pedido por mandatário especial.

ARTIGO 183.º
Garantia. Local da prestação. Levantamento

1 – Se houver lugar a qualquer forma de garantia, esta será prestada junto do tribunal tributário competente ou do órgão da execução fiscal onde pender o processo respectivo, nos termos estabelecidos no presente Código.

2 – A garantia poderá ser levantada oficiosamente ou a requerimento de quem a haja prestado, logo que no processo que a determinou tenha transitado em julgado decisão favorável ao garantido ou haja pagamento da dívida.

3 – O levantamento pode ser total ou parcial consoante o conteúdo da decisão ou o pagamento efectuado.

4 – Para o levantamento da garantia não é exigida prova de quitação com a Fazenda Pública.

5 – Se o levantamento for requerido pelos sucessores de quem tenha prestado a caução, deverão estes provar essa qualidade e que se encontra pago ou assegurado o imposto devido pela transmissão da quantia ou valores a levantar.

ARTIGO 183.º-A
Caducidade da garantia

1 – A garantia prestada para suspender a execução em caso de reclamação graciosa, impugnação judicial, recurso judicial ou oposição caduca se a reclamação graciosa não estiver decidida no prazo de um ano a contar da data da sua interposição ou se na impugnação judicial ou na oposição não tiver sido proferida decisão em 1.ª instância no prazo de três anos a contar da data da sua apresentação.

2 – Os prazos referidos no número anterior são acrescidos em seis meses quando houver recurso a prova pericial.

3 – O regime do n.º 1 não se aplica quando o atraso resulta de motivo imputável ao reclamante, impugnante, recorrente ou executado.

4 – A verificação da caducidade cabe ao tribunal tributário de 1.ª instância onde estiver pendente a impugnação, recurso ou oposição, ou, nas situações de reclamação graciosa, ao órgão com competência para decidir a reclamação, devendo a decisão ser proferida no prazo de 30 dias após requerimento do interessado.

5 – Não sendo proferida a decisão referida no número anterior no prazo aí previsto, considera-se tacitamente deferido o requerido.

6 – Em caso de caducidade da garantia, o interessado será indemnizado pelos encargos suportados com a sua prestação, nos termos e com os limites previstos nos n.ºs 3 e 4 do artigo 53.º da lei geral tributária.

[Redacção dada pela Lei n.º 32-B/2002, de 30 de Dezembro, *Lei do Orçamento do Estado para 2003*]

Artigo 184.º
Registo das execuções fiscais

1 – O registo dos processos será efectuado:

a) Nas relações que acompanham as certidões de dívidas ao Estado ou em livro de modelo a aprovar;
b) No livro, de modelo a aprovar, de outras execuções ou então nas relações que acompanham as certidões;
c) No livro, de modelo a aprovar, das cartas precatórias recebidas.

2 – Os registos serão efectuados por ordem numérica e cronológica anual, podendo ser processados por meios informáticos.

3 – As relações a organizar pelas diversas entidades conterão colunas próprias para a inserção do número do processo e averbamento de arquivo, tal como consta dos livros de registo.

4 – Os livros terão termo de abertura e de encerramento assinados pelo órgão da execução fiscal, que também rubricará todas as folhas depois de numeradas, podendo fazê-lo por chancela.

Artigo 185.º
Formalidades das diligências

No processo de execução fiscal, as diligências a solicitar a outros tribunais ou autoridades sê-lo-ão por simples ofício ou por outros meios simplificados previstos na legislação processual civil, salvo nos seguintes casos, em que se empregará carta precatória:

a) Para citação;
b) Para penhora, que não seja de dinheiro ou outros valores depositados à ordem de qualquer autoridade nas instituições de crédito;
c) Para cada um dos aludidos actos e termos subsequentes;
d) Para inquirição ou declarações.

Artigo 186.º
Carta precatória extraída da execução

1 – Na carta precatória extraída de execução que possa ser paga no órgão da execução fiscal deprecado indicar-se-á a proveniência e montante da dívida a data em que começaram a vencer-se juros de mora e a importância das custas contadas no órgão da execução fiscal deprecante até à data da expedição, juntando-se, se for caso disso, cópia da nota referida no presente Código.

2 – A carta só será devolvida depois de contadas as custas.

3 – Poderá não ter lugar o envio de carta precatória se for mais vantajoso para a execução e o órgão da execução fiscal a ser deprecado fizer parte da área do órgão regional em que se integre o órgão da execução fiscal deprecante.

4 – Nos casos referidos no n.º 3 as diligências serão efectuadas pelo próprio órgão da execução fiscal deprecante ou pelo funcionário em quem este, com autorização do órgão periférico regional da administração tributária, tenha delegado essa competência.

Artigo 187.º
Carta rogatória

1 – A carta rogatória será acompanhada de uma nota em que se indique a natureza da dívida, o tempo a que respeita e o facto que a originou.

2 – Quando se levantem dúvidas sobre a expedição de carta rogatória, o órgão da execução fiscal consultará, nos termos da lei, os serviços competentes do Ministério dos Negócios Estrangeiros.

SECÇÃO II
Da instauração e citação

Artigo 188.º
Instauração e autuação da execução

1 – Instaurada a execução, mediante despacho a lavrar no ou nos respectivos títulos executivos ou em relação destes, no prazo de 24 horas após o recebimento e efectuado o competente registo, o órgão da execução fiscal ordenará a citação do executado.

2 – Serão autuadas conjuntamente todas as certidões de dívidas que se encontrem no órgão da execução fiscal à data da instauração e que tenham sido extraídas contra o mesmo devedor.

Artigo 189.º
Efeitos e função das citações

1 – A citação comunicará ao devedor os prazos para oposição à execução e para requerer o pagamento em prestações ou a dação em pagamento.

2 – Até ao termo do prazo de oposição à execução pode o executado, se ainda o não tiver feito anteriormente nos termos das leis tributárias, requerer o pagamento em prestações.

3 – O executado poderá ainda, dentro mesmo do prazo e em alternativa, requerer a dação em pagamento nos termos da secção V do presente capítulo.

4 – O pedido de dação em pagamento poderá, no entanto, ser cumulativo com o do pagamento em prestações, ficando este suspenso até aquele ser decidido pelo ministro ou órgão executivo competente.

5 – Se os bens oferecidos em dação não forem suficientes para o pagamento da dívida exequenda, pode o excedente beneficiar do pagamento em prestações nos termos do presente título.

6 – No caso do indeferimento do pedido ou vencimento das prestações pelo não pagamento de qualquer delas, será o executado notificado de que prosseguirá o processo de execução.

7 – Se o executado só for citado posteriormente, o prazo referido no n.º 2 conta-se a partir da citação.

8 – Nos casos de suspensão da instância, pela pendência de reclamação graciosa, impugnação, recurso judicial ou oposição sobre

o objecto da dívida exequenda, pode o executado, no prazo de 15 dias após a notificação da decisão neles proferida, requerer o pagamento em prestações ou solicitar a dação em pagamento.

Artigo 190.º
Formalidades das citações

1 – A citação será sempre acompanhada de cópia do título executivo e da nota indicativa do prazo para oposição, para pagamento em prestações ou dação em pagamento nos termos do presente título.

2 – Quando a citação for por mandado, entregar-se-á ao executado uma nota nos termos do número anterior, de tudo se lavrando certidão, que será assinada pelo citando e pelo funcionário encarregado da diligência.

3 – Quando, por qualquer motivo, a pessoa citada não assinar ou a citação não puder realizar-se, intervirão duas testemunhas, que assinarão se souberem e puderem fazê-lo.

4 – A citação poderá ser feita na pessoa do legal representante do executado, nos termos do Código de Processo Civil.

5 – Sem prejuízo do disposto nos números anteriores, só ocorre falta de citação quando o respectivo destinatário alegue e demonstre que não chegou a ter conhecimento do acto por motivo que lhe não foi imputável.

Artigo 191.º
Citações por via postal

1 – Nos processos de execução fiscal cuja quantia exequenda não exceda 250 unidades de conta, a citação efectuar-se-á, mediante simples postal, aplicando-se-lhe as regras do artigo anterior, com as necessárias adaptações.

2 – O postal referido no número anterior será registado quando a dívida exequenda for superior a 10 vezes a unidade de conta.

3 – Nos casos não referidos nos números anteriores, bem como nos de efectivação de responsabilidade subsidiária, a citação será pessoal.

Artigo 192.º
Citações pessoal e edital

1 – As citações pessoais serão efectuadas nos termos do Código de Processo Civil.

2 – Sendo desconhecida a residência, prestada a informação de que o interessado reside em parte incerta ou devolvida a carta ou postal com a nota de não encontrado, será solicitada, caso o órgão da execução fiscal assim o entender, confirmação das autoridades policiais ou municipais e efectuada a citação ou notificação por meio de éditos, nos termos do disposto neste artigo.

3 – O funcionário que verificar os factos previstos no número anterior passará certidão, que fará assinar pela pessoa de quem tenha recebido a informação respectiva.

4 – Expedida carta precatória para citação e verificada a ausência em parte incerta, compete à entidade deprecante ordenar a citação edital, se for caso disso.

5 – As citações editais serão feitas por éditos afixados no órgão da execução fiscal da área da última residência do citando.

6 – Sendo as citações feitas nos termos e local do número anterior, constarão dos éditos, conforme o caso, a natureza dos bens penhorados, o prazo do pagamento e de oposição e a data e o local designados para a venda, sendo os mesmos afixados à porta da última residência ou sede do citando e publicados em dois números seguidos de um dos jornais mais lidos nesse local ou no da sede ou da localização dos bens.

7 – Só haverá lugar a citação edital quando for efectuada a penhora dos bens do executado e continuar a não ser conhecida a sua residência, nos termos dos artigos 193.º e 194.º

Artigo 193.º
Penhora e venda em caso de citação por postal

1 – Se a citação for efectuada mediante postal nos termos do artigo 191.º, se este não vier devolvido ou, sendo devolvido, não indicar a nova morada do executado, proceder-se-á logo à penhora.

2 – Se, na diligência da penhora, houver possibilidade, citar-se-á o executado pessoalmente, com a informação de que, se não efectuar o pagamento ou não deduzir oposição no prazo de 30 dias, será designado dia para a venda.

3 – Se não for conhecida a morada do executado, proceder-se-á à citação edital, nos termos do artigo anterior.

4 – A venda não poderá ter lugar antes de decorridos 30 dias sobre o termo do prazo da oposição à execução e será comunicada nos termos dos números anteriores.

Artigo 194.º
Citação no caso de o citando não ser encontrado

1 – Nas execuções de valor superior a 250 unidades de conta, quando o executado não for encontrado, o funcionário encarregado da citação começará por averiguar se é conhecida a actual morada do executado e se possui bens penhoráveis.

2 – Se ao executado não forem conhecidos bens penhoráveis e não houver responsáveis solidários ou subsidiários, lavrar-se-á certidão da diligência, a fim de a dívida exequenda ser declarada em falhas, sem prejuízo de quaisquer averiguações ou diligências posteriores.

3 – Se forem encontrados bens penhoráveis, proceder-se-á logo à penhora, seguindo-se as diligências previstas nos n.ºs 2 e seguintes do artigo 193.º.

[Redacção dada pela Lei n.º 3-B/2000 de 4 de Abril, *Lei do Orçamento do Estado para 2001*, com produção de efeitos desde 01/01/2000]

SECÇÃO III
Garantias especiais

Artigo 195.º
Constituição de hipoteca legal ou penhor

1 – Quando o risco financeiro envolvido o torne recomendável, o órgão da execução fiscal, para garantia dos créditos tributários, poderá fundamentadamente constituir hipoteca legal ou penhor, de forma que assegure o pagamento da totalidade da dívida exequenda e acrescido.

2 – O órgão da execução fiscal deverá promover na conservatória competente, a favor da Fazenda Pública, o registo da hipoteca legal, quando for o caso.

3 – Ao registo servirá de base o acto constitutivo respectivo.

4 – Para efeitos do número anterior, os funcionários do órgão da execução fiscal gozam de prioridade de atendimento na conservatória em termos idênticos aos dos advogados ou solicitadores.

5 – O penhor será constituído por auto lavrado pelo funcionário competente na presença do executado ou, na ausência deste, perante funcionário com poderes de autoridade pública, notificando-se, nesse caso, o devedor nos termos previstos para a citação.

ARTIGO 196.º
Pagamento em prestações e outras medidas

1 – As dívidas exigíveis em processo executivo poderão ser pagas em prestações mensais e iguais, mediante requerimento a dirigir, no prazo de oposição, ao órgão da execução fiscal.

2 – O disposto no número anterior não é aplicável às dívidas de recursos próprios comunitários e às dívidas liquidadas pelos serviços por falta de entrega, dentro dos respectivos prazos legais, de imposto retido na fonte ou legalmente repercutido a terceiros, salvo em caso de falecimento do executado, contando-se nesse caso o prazo para o requerimento do pagamento a partir da citação nos termos do n.º 4 do artigo 155.º.

3 – É excepcionalmente admitida a possibilidade de pagamento em prestações das dívidas referidas no número anterior, requerido no prazo de oposição, sem prejuízo da responsabilidade contra-ordenacional ou criminal que ao caso couber, quando esteja em aplicação plano de recuperação económica de que decorra a imprescindibilidade da medida, desde que se preveja a substituição dos administradores e gerentes responsáveis pela não entrega das prestações tributárias em causa.

4 – O pagamento em prestações pode ser autorizado desde que se verifique que o executado, pela sua situação económica, não pode solver a dívida de uma só vez, não devendo o número das prestações em caso algum exceder 36 e o valor de qualquer delas ser inferior a 1 unidade de conta no momento da autorização.

5 – Nos casos em que se demonstre notória dificuldade financeira e previsíveis consequências económicas para os devedores, poderá ser alargado o número de prestações mensais até 5 anos, se a dívida exequenda exceder 500 unidades de conta no momento da autorização, não podendo então nenhuma delas ser inferior a 10 unidades da conta.

6 – A importância a dividir em prestações não compreende os juros de mora, que continuam a vencer-se em relação à dívida exequenda incluída em cada prestação e até integral pagamento, os quais serão incluídos na guia passada pelo funcionário para pagamento conjuntamente com a prestação.

7 – Poderão beneficiar do regime previsto neste artigo os terceiros que assumam a dívida, ainda que o seu pagamento em prestações

se encontre autorizado, desde que se verifiquem cumulativamente as seguintes condições:

   a) Obtenham autorização do devedor ou provem interesse legítimo;
   b) Prestem garantia através de um dos meios previstos no n.º 1 do artigo 199.º.

8 – A assunção da dívida nos termos do número anterior não exonera o antigo devedor, respondendo este solidariamente com o novo devedor, e, em caso de incumprimento, o processo de execução fiscal prosseguirá os seus termos contra o novo devedor.

9 – O despacho de aceitação de assunção de dívida e das garantias previstas na alínea b) do n.º 7 poderá determinar a extinção das garantias constituídas e ou apresentadas pelo antigo devedor.

10 – O novo devedor ficará sub-rogado nos direitos referidos no n.º 1 do artigo 92.º após a regularização da dívida, nos termos e condições previstos no presente artigo.

11 – O disposto neste artigo não poderá aplicar-se a nenhum caso de pagamento por sub-rogação.

Artigo 197.º
Entidade competente para autorizar as prestações

1 – A competência para autorização de pagamento em prestações é do órgão da execução fiscal.

2 – Quando o valor da dívida exequenda for superior a 500 unidades de conta, essa competência é do órgão periférico regional, que poderá proceder à sua delegação em funcionário qualificado.

Artigo 198.º
Requisitos do pedido

1 – No requerimento para pagamento em prestações o executado indicará a forma como se propõe efectuar o pagamento e os fundamentos da proposta.

2 – Os pedidos, devidamente instruídos com todas as informações de que se disponha, serão apreciados no prazo de 15 dias após a recepção ou, no mesmo prazo, remetidos para sancionamento superior, devendo o pagamento da primeira prestação ser efectuado no mês seguinte àquele em que for notificado o despacho.

Artigo 199.º
Garantias

1 – Caso não se encontre já constituída garantia, com o pedido deverá o executado oferecer garantia idónea, a qual consistirá em garantia bancária, caução, seguro-caução ou qualquer meio susceptível de assegurar os créditos do exequente.

2 – A garantia idónea referida no número anterior poderá consistir, ainda, a requerimento do executado e mediante concordância da administração tributária, em penhor ou hipoteca voluntária, aplicando-se o disposto no artigo 195.º, com as necessárias adaptações.

3 – Se o executado considerar existirem os pressupostos da isenção da prestação de garantia, deverá invocá-los e prová-los na petição.

4 – Valerá como garantia para os efeitos do número anterior a penhora já feita sobre os bens necessários para assegurar o pagamento da dívida exequenda e acrescido ou a efectuar em bens nomeados para o efeito pelo executado no prazo referido no n.º 6.

5 – A garantia será prestada pelo valor da dívida exequenda, juros de mora até ao termo do prazo de pagamento limite de 5 anos e custas a contar até à data do pedido, acrescida de 25% da soma daqueles valores.

6 – As garantias referidas no n.º 1 serão constituídas para cobrir todo o período de tempo que foi concedido para efectuar o pagamento, acrescido de três meses, e serão apresentadas no prazo de 15 dias a contar da notificação que autorizar as prestações, salvo no caso de garantia que pela sua natureza justifique a ampliação do prazo até 30 dias, prorrogáveis por mais 30, em caso de circunstâncias excepcionais.

7 – Após o decurso dos prazos referidos no número anterior sem que tenha sido prestada a garantia nem declarada a sua isenção, fica sem efeito a autorização para pagar a dívida em prestações.

8 – É competente para apreciar as garantias a prestar nos termos do presente artigo a entidade competente para autorizar o pagamento em prestações.

9 – Em caso de diminuição significativa do valor dos bens que constituem a garantia, o órgão da execução fiscal ordenará ao executado que a reforce, em prazo a fixar entre 15 e 45 dias, com a cominação prevista no n.º 7 deste artigo.

10 – A garantia poderá ser reduzida, oficiosamente ou a requerimento dos contribuintes, à medida que os pagamentos forem efectuados e se tornar manifesta a desproporção entre o montante daquela e a dívida restante.

Artigo 200.º
Consequências da falta de pagamento

1 – A falta de pagamento de qualquer das prestações importa o vencimento imediato das seguintes, prosseguindo o processo de execução fiscal os seus normais termos até à extinção.

2 – A entidade que tiver prestado a garantia será citada para, no prazo de 30 dias, efectuar o pagamento da dívida ainda existente e acrescido até ao montante da garantia prestada, sob pena de ser executada no processo.

3 – No processo far-se-ão constar os bens que foram dados em garantia.

SECÇÃO V
Da dação em pagamento

Artigo 201.º
Dação em pagamento. Requisitos

1 – Nos processos de execução fiscal o executado ou terceiro podem, no prazo de oposição, requerer ao ministro ou órgão executivo de quem dependa a administração tributária legalmente competente para a liquidação e cobrança da dívida a extinção da dívida exequenda e acrescido, com a dação em pagamento de bens móveis ou imóveis, nas condições seguintes:

   a) Descrição pormenorizada dos bens dados em pagamento;

   b) Os bens dados em pagamento não terem valor superior à dívida exequenda e acrescido, salvo os casos de se demonstrar a possibilidade de imediata utilização dos referidos bens para fins de interesse público ou social, ou de a dação se efectuar no âmbito do processo conducente à celebração de acordo de recuperação de créditos do Estado.

2 – Apresentado o requerimento, o órgão da execução fiscal enviará ao dirigente máximo do serviço, no prazo de 10 dias, cópia do requerimento, bem como o resumo do processo e dos encargos que incidam sobre os bens, com conhecimento, no mesmo prazo, ao imediato superior hierárquico, quando exista.

3 – Recebido o processo, o dirigente máximo do serviço poderá remetê-lo para despacho do ministro competente, com fundamento no desinteresse da dação, ou solicitar a avaliação dos bens oferecidos em pagamento, através de uma comissão cuja constituição será promovida pelo órgão de execução fiscal, que presidirá, e dois louvados por ele designados que serão, no caso de bens imóveis, peritos avaliadores das listas regionais e, no caso de bens móveis, pessoas com especialização técnica adequada, devendo a comissão efectuar a avaliação no prazo máximo de 30 dias após ser determinada a sua realização.

4 – Em situações de especial complexidade técnica, o dirigente máximo do serviço solicitará a avaliação dos bens, conforme os casos, à Direcção-Geral do Património do Estado, à Direcção-Geral do Tesouro e ao Instituto de Gestão do Crédito Público ou a entidade especializada designada por despacho do Ministro das Finanças.

5 – A avaliação é efectuada pelo valor de mercado dos bens, tendo em conta a maior ou menor possibilidade da sua realização.

6 – As despesas efectuadas com as avaliações referidas nos n.os 3 e 4 entram em regra de custas do processo de execução fiscal, devendo o devedor efectuar o respectivo preparo no prazo de 5 dias a contar da data da notificação, sob pena de não prosseguimento do pedido.

7 – Reunidos os elementos referidos nos números anteriores, o processo será remetido para despacho ao ministro ou ao órgão executivo competente, que poderá, antes de decidir, determinar a junção de outros elementos no prazo de 10 dias, sob pena de o pedido não ter seguimento, salvo se o atraso não for imputável ao contribuinte.

8 – O despacho que autorizar a dação em pagamento definirá os termos de entrega dos bens oferecidos, podendo seleccionar, entre os propostos, os bens a entregar em cumprimento da dívida exequenda e acrescido.

9 – Em caso de aceitação da dação em pagamento de bens de valor superior à dívida exequenda e acrescido, o despacho que a autoriza constitui, a favor do devedor, um crédito no montante desse excesso, a utilizar em futuros pagamentos de impostos ou outras prestações tributárias, na aquisição de bens ou de serviços no prazo de 5 anos ou no pagamento de rendas, desde que as receitas corres-

pondentes estejam sob a administração do ministério ou órgão executivo por onde corra o processo de dação.

10 – O crédito previsto no número anterior é intransmissível e impenhorável e a sua utilização depende da prévia comunicação, no prazo de 30 dias, à entidade a quem deva ser efectuado o pagamento.

11 – Em caso de cessação de actividade, o devedor pode requerer à administração tributária, nos 60 dias posteriores, o pagamento em numerário do montante referido no n.º 9, que só lhe será concedido se fizer prova da inexistência de dívidas tributárias àquela entidade.

12 – A dação em pagamento operar-se-á através de auto lavrado no processo.

13 – Na dação em pagamento de bens imóveis lavrar-se-á um auto por cada prédio.

14 – O auto referido nos números anteriores valerá, para todos os efeitos, como título de transmissão.

15 – O executado poderá desistir da dação em pagamento até 5 dias após a notificação do despacho ministerial, mediante o integral pagamento da totalidade da dívida exequenda e acrescido, incluindo as custas das avaliações a que se referem os n.os 3 e 5 do presente artigo.

16 – Autorizada a dação em pagamento, seguir-se-ão, na parte aplicável, as regras previstas nas alíneas *c)* e *d)* do artigo 255.º deste Código.

17 – O terceiro a que se refere o n.º 1 só ficará sub-rogado nos direitos da Fazenda Pública nos termos e condições definidos nos artigos 91.º e 92.º do presente Código.

18 – As despesas de avaliação, que compreendem os salários e abonos de transporte dos membros da comissão constituída por promoção do órgão de execução fiscal, serão fixadas por portaria do Ministro das Finanças.

[Redacção dada pela Lei n.º 109-B/2001, de 27 de Dezembro, *Lei do Orçamento do Estado para 2002*]

Artigo 202.º
Bens dados em pagamento

1 – No despacho que autorizar a dação, pode o Ministro ou o órgão executivo competente determinar a venda, por proposta em carta fechada, dos bens dados em pagamento, em prazo a fixar.

2 – Em caso de urgência na venda dos bens, designadamente pelo seu risco de desvalorização, ou de estes serem de valor reduzido, ou quando seja essa a solução mais adequada à continuidade da utilização produtiva dos bens, pode o ministro ou órgão executivo competente determinar que a venda seja efectuada por negociação particular.

3 – Pode também o ministro ou órgão executivo competente autorizar os serviços sob a sua dependência a locarem ou a onerarem, nos termos previstos na lei, os bens dados em pagamento ou a com eles realizarem capital ou outras prestações sociais.

4 – Os direitos emergentes da locação ou da oneração referidas no n.º 3 só podem ser penhorados em processo de execução fiscal.

[Redacção dada pela Lei n.º 3-B/2000 de 4 de Abril, *Lei do Orçamento do Estado para 2001*, com produção de efeitos desde 01/01/2000]

SECÇÃO VI
Da execução

Artigo 203.º
Prazo de oposição à execução

1 – A oposição deve ser deduzida no prazo de 30 dias a contar:

a) Da citação pessoal ou, não a tendo havido, da primeira penhora;

b) Da data em que tiver ocorrido o facto superveniente ou do seu conhecimento pelo executado.

2 – Havendo vários executados, os prazos correrão independentemente para cada um deles.

3 – Para efeitos do disposto na alínea b) do n.º 1, considera-se superveniente não só o facto que tiver ocorrido posteriormente ao prazo da oposição, mas ainda aquele que, embora ocorrido antes, só posteriormente venha ao conhecimento do executado, caso em que deverá ser este a provar a superveniência.

4 – A oposição deve ser deduzida até à venda dos bens, sem prejuízo do disposto no n.º 3 do artigo 257.º.

5 – O órgão da execução fiscal comunicará o pagamento da dívida exequenda ao tribunal tributário de 1.ª instância onde pender a oposição, para efeitos da sua extinção.

Artigo 204.º
Fundamentos da oposição à execução

1 – A oposição só poderá ter algum dos seguintes fundamentos:

a) Inexistência do imposto, taxa ou contribuição nas leis em vigor à data dos factos a que respeita a obrigação ou, se for o caso, não estar autorizada a sua cobrança à data em que tiver ocorrido a respectiva liquidação;
b) Ilegitimidade da pessoa citada por esta não ser o próprio devedor que figura no título ou seu sucessor ou, sendo o que nele figura, não ter sido, durante o período a que respeita a dívida exequenda, o possuidor dos bens que a originaram, ou por não figurar no título e não ser responsável pelo pagamento da dívida;
c) Falsidade do título executivo, quando possa influir nos termos da execução;
d) Prescrição da dívida exequenda;
e) Falta da notificação da liquidação do tributo no prazo de caducidade;
f) Pagamento ou anulação da dívida exequenda;
g) Duplicação de colecta;
h) Ilegalidade da liquidação da dívida exequenda, sempre que a lei não assegure meio judicial de impugnação ou recurso contra o acto de liquidação;
i) Quaisquer fundamentos não referidos nas alíneas anteriores, a provar apenas por documento, desde que não envolvam apreciação da legalidade da liquidação da dívida exequenda, nem representem interferência em matéria de exclusiva competência da entidade que houver extraído o título.

2 – A oposição nos termos da alínea h), que não seja baseada em mera questão de direito, reger-se-á pelas disposições relativas ao processo de impugnação.

Artigo 205.º
Duplicação da colecta

1 – Haverá duplicação de colecta para efeitos do artigo anterior quando, estando pago por inteiro um tributo, se exigir da mesma ou de diferente pessoa um outro de igual natureza, referente ao mesmo facto tributário e ao mesmo período de tempo.

2 – A duplicação de colecta só poderá ser alegada uma vez, salvo baseando-se em documento superveniente demonstrativo do pagamento ou de nova liquidação.

3 – Alegada a duplicação, obter-se-á informação sobre se este fundamento já foi apreciado noutro processo e sobre as razões que originaram a nova liquidação.

4 – Para efeitos dos números anteriores, a alegação da duplicação de colecta será de imediato anotada pelos serviços competentes da administração tributária nos respectivos elementos de liquidação.

ARTIGO 206.º
Requisitos da petição de oposição à execução

Com a petição em que deduza a oposição, que será elaborada em triplicado, oferecerá o executado todos os documentos, arrolará testemunhas e requererá as demais provas.

[Redacção dada pela Lei n.º 109-B/2001, de 27 de Dezembro, *Lei do Orçamento do Estado para 2002*]

ARTIGO 207.º
Local da apresentação da petição da oposição à execução

1 – A petição inicial será apresentada no órgão da execução fiscal onde pender a execução.

2 – Se tiver sido expedida carta precatória, a oposição poderá ser deduzida no órgão da execução fiscal deprecado, devolvendo-se a carta, depois de contada, para seguimento da oposição.

ARTIGO 208.º
Autuação da petição e remessa ao tribunal

1 – Autuada a petição, o órgão da execução fiscal remeterá, no prazo de 20 dias, o processo ao tribunal de 1.ª instância competente com as informações que reputar convenientes.

2 – No referido prazo, salvo quando a lei atribua expressamente essa competência a outra entidade, o órgão da execução fiscal poderá pronunciar-se sobre o mérito da oposição e revogar o acto que lhe tenha dado fundamento.

Artigo 209.º
Rejeição liminar da oposição

1 – Recebido o processo, o juiz rejeitará logo a oposição por um dos seguintes fundamentos:

a) Ter sido deduzida fora do prazo;
b) Não ter sido alegado algum dos fundamentos admitidos no n.º 1 do artigo 204.º;
c) Ser manifesta a improcedência.

2 – Se o fundamento alegado for o da alínea *i)* do n.º 1 do artigo 204.º, a oposição será também rejeitada quando à petição se não juntem o documento ou documentos necessários.

Artigo 210.º
Notificação da oposição ao representante da Fazenda Pública

Recebida a oposição, será notificado o representante da Fazenda Pública para contestar no prazo de 10 dias, o qual poderá ser prorrogado por 30 dias quando haja necessidade de obter informações ou aguardar resposta a consulta feita a instância superior.

Artigo 211.º
Processamento da oposição. Alegações. Sentença

1 – Cumprido o disposto no artigo anterior, seguir-se-á o que para o processo de impugnação se prescreve a seguir ao despacho liminar.

2 – São admitidos os meios gerais de prova, salvo as disposições especiais da lei tributária e sem prejuízo do disposto na alínea *i)* do n.º 1 do artigo 204.º.

Artigo 212.º
Suspensão de execução

A oposição suspende a execução, nos termos do presente Código.

Artigo 213.º
Devolução da oposição ao órgão da execução fiscal

Transitada em julgado a sentença que decidir a oposição e pagas as custas, se forem devidas, será o processo devolvido ao órgão da execução fiscal para ser apensado ao processo da execução.

SECÇÃO VII

Da apreensão de bens

SUBSECÇÃO I

Do arresto

Artigo 214.º

Fundamentos do arresto. Conversão em penhora

1 – Havendo justo receio de insolvência ou de ocultação ou alienação de bens, pode o representante da Fazenda Pública junto do competente tribunal tributário requerer arresto em bens suficientes para garantir a dívida exequenda e o acrescido, com aplicação do disposto pelo presente Código para o arresto no processo judicial tributário.

2 – As circunstâncias referidas no número anterior presumem-se no caso de dívidas por impostos que o executado tenha retido ou repercutido a terceiros e não entregue nos prazos legais.

3 – O arresto efectuado nos termos do número anterior ou antes da instauração do processo de execução será convertido em penhora se o pagamento não tiver sido efectuado.

4 – Para efeitos de arresto ou penhora dos bens do contribuinte, pode ser requerida às instituições bancárias informação acerca do número das suas contas e respectivos saldos.

[Redacção dada pela Lei n.º 30-G/2000 de 29 de Dezembro, que *"reforma a tributação do rendimento e adopta medidas destinadas a combater a evasão e fraude fiscais, alterando o Código do Imposto sobre o Rendimento das Pessoas Singulares, o Código do Imposto sobre o Rendimento das Pessoas Colectivas, o Estatuto dos Benefícios Fiscais, a Lei Geral Tributária, o Estatuto dos Tribunais Administrativos e Fiscais, o Código de Procedimento e de Processo Tributário e legislação avulsa"*]

SUBSECÇÃO II

Da penhora

Artigo 215.º

Mandato para a penhora. Ocorrências anómalas.
Nomeação de bens à penhora

1 – Findo o prazo posterior à citação sem ter sido efectuado o pagamento, o funcionário, independentemente de despacho, passará mandado para penhora, que será cumprido no prazo de 15 dias se

outro não for designado pelo órgão da execução fiscal ao assinar o mandado.

2 – Se, no acto da penhora, o executado ou alguém em seu nome declarar que os bens a penhorar pertencem a terceiros, deve o funcionário exigir-lhes a declaração do título por que os bens se acham em poder do executado e a respectiva prova, efectuando-se a penhora em caso de dúvida.

3 – O direito de nomear bens à penhora considera-se sempre devolvido ao exequente, mas o órgão da execução fiscal poderá admiti-la, nos termos da lei, nos bens indicados pelo executado, desde que daí não resulte prejuízo.

Artigo 216.º
Execução contra autarquia local ou outra pessoa de direito público

1 – Se o executado for alguma autarquia local ou outra entidade de direito público, empresa pública, associação pública, pessoa colectiva de utilidade pública administrativa ou instituição de solidariedade social, remeter-se-á aos respectivos órgãos de representação ou gestão certidão da importância em dívida e acrescido, a fim de promoverem o seu pagamento ou a inclusão da verba necessária no primeiro orçamento, desde que não tenha sido efectuado o pagamento nem deduzida oposição no prazo posterior à citação.

2 – A ineficácia das diligências referidas no número anterior não impede a penhora em bens dela susceptíveis.

Artigo 217.º
Extensão da penhora

A penhora será feita somente nos bens suficientes para o pagamento da dívida exequenda e do acrescido, mas, quando o produto dos bens penhorados for insuficiente para o pagamento da execução, esta prosseguirá em outros bens.

Artigo 218.º
Levantamento da penhora. Bens penhoráveis em execução fiscal

1 – No processo de recuperação da empresa e quando a medida for extensiva aos credores em idênticas circunstâncias da Fazenda Pública, o juiz poderá levantar a penhora, a requerimento do gestor

judicial, fundamentado nos interesses da recuperação, com parecer favorável da comissão de credores, bem como no processo de falência.

2 – Sempre que possível, o levantamento da penhora depende da sua substituição por garantia idónea.

3 – Podem ser penhorados pelo órgão da execução fiscal os bens apreendidos por qualquer tribunal, não sendo a execução, por esse motivo, sustada nem apensada.

Artigo 219.º

Bens prioritariamente a penhorar

1 – Sem prejuízo do disposto no n.º 4 do presente artigo, a penhora começará pelos bens móveis, frutos ou rendimentos dos imóveis, ainda que estes sejam impenhoráveis, e, na sua falta, tratando-se de dívida com privilégio, pelos bens a que este respeitar, se ainda pertencerem ao executado e sem prejuízo do disposto no n.º 2 do artigo 157.º.

2 – O disposto no número anterior não se aplica quando fundamentadamente se concluir pela inexistência ou insuficiência de bens móveis ou estes se revelarem de difícil guarda, conservação ou alienação.

3 – A inexistência ou insuficiência dos bens móveis presume-se quando o executado não tenha procedido à sua indicação.

4 – Caso a dívida tenha garantia real onerando bens do devedor por estes começará a penhora que só prosseguirá noutros bens quando se reconheça a insuficiência dos primeiros para conseguir os fins da execução.

Artigo 220.º

Coima fiscal e responsabilidade de um dos cônjuges.
Penhora de bens comuns do casal

Na execução para cobrança de coima fiscal ou com fundamento em responsabilidade tributária exclusiva de um dos cônjuges, podem ser imediatamente penhorados bens comuns, devendo, neste caso, citar-se o outro cônjuge para requerer a separação judicial de bens, prosseguindo a execução sobre os bens penhorados se a separação não for requerida no prazo de 30 dias ou se se suspender a instância por inércia ou negligência do requerente em promover os seus termos processuais.

Artigo 221.º
Formalidade de penhora de móveis

Na penhora de móveis observar-se-á designadamente o seguinte:

a) Os bens serão efectivamente apreendidos e entregues a um depositário idóneo, salvo se puderem ser removidos, sem inconveniente, para os serviços ou para qualquer depósito público;

b) O depositário é escolhido pelo funcionário, podendo a escolha recair no executado;

c) Na penhora lavrar-se-á um auto que será lido em voz alta e assinado pelo depositário ou por duas testemunhas, onde se registe o dia, hora e local da diligência, se mencione o valor da execução, se relacionem os bens por verbas numeradas, se indique o seu estado de conservação e valor aproximado e se refiram as obrigações e responsabilidades a que fica sujeito o depositário a quem será entregue uma cópia;

d) Se o executado estiver presente e se recuse a assinar, mencionar-se-á o facto.

Artigo 222.º
Formalidades da penhora de veículos automóveis de aluguer

1 – Quando a penhora recair sobre o veículo automóvel licenciado para o exercício da indústria de transporte de aluguer, será também apreendida a respectiva licença, desde que a sua transmissão seja permitida por lei especial, caducando aquela com a venda dos veículos.

2 – O órgão da execução fiscal comunicará a venda às autoridades competentes para efeito de eventual concessão de nova licença.

Artigo 223.º
Formalidade da penhora de dinheiro ou valores depositados

1 – A penhora de dinheiro ou de outros valores depositados será precedida de informação do funcionário competente sobre a identidade do depositário, a quantia ou os objectos depositados e o valor presumível destes.

2 – A instituição detentora do depósito penhorado deve comunicar ao órgão da execução fiscal o saldo da conta ou contas objecto de penhora na data em que esta se considere efectuada.

3 – Salvo nos casos de quantias depositadas à ordem de qualquer entidade em instituição de crédito competente, em que se aplica o disposto no Código de Processo Civil, a penhora efectuar-se-á por meio de carta registada com aviso de recepção, dirigida ao depositário, devendo a notificação conter a indicação de que as quantias depositadas nas contas referidas nos números anteriores ficam indisponíveis desde a data da penhora, salvo nos casos previstos na lei.

4 – Verificando-se novas entradas, o depositário comunicá-las-á ao órgão da execução fiscal, para que este, imediatamente, ordene a penhora ou o informe da sua desnecessidade.

5 – Quando, por culpa do depositário, não for possível cobrar a dívida exequenda e o acrescido, incorrerá ele em responsabilidade subsidiária.

6 – Além das coisas que obrigatoriamente são depositadas em instituição de crédito competente, poderão também ser ali guardadas outras, desde que isso se mostre conveniente.

Artigo 224.º
Formalidades da penhora de créditos

1 – A penhora de créditos será feita por meio de auto, nomeando-se depositário o devedor ou o seu legítimo representante, e com observância das seguintes regras:

a) Do auto constará se o devedor reconhece a obrigação, a data em que se vence, as garantias que a acompanham e quaisquer outras circunstâncias que possam interessar à execução;

b) O devedor, se reconhecer a obrigação imediata de pagar ou não houver prazo para o pagamento, depositará o crédito em operações de tesouraria, à ordem do órgão da execução fiscal, no prazo de 30 dias a contar da penhora, e, se o não fizer, será executado pela importância respectiva, no próprio processo;

c) Se reconhecer a obrigação de pagar, mas tiver a seu favor prazo de pagamento, aguardar-se-á o seu termo, observando-se seguidamente o disposto na alínea anterior;

d) O devedor será advertido na notificação de que não se exonera pagando directamente ao credor;

e) Se negar a obrigação, no todo ou em parte, será o crédito considerado litigioso, na parte não reconhecida, e, como tal, será posto à venda por três quartas partes do seu valor.

2 – No caso de litigiosidade do crédito penhorado, pode também a Fazenda Pública promover a acção declaratória, suspendendo-se entretanto a execução se o executado não possuir outros bens penhoráveis.

Artigo 225.º
Formalidades da penhora de partes sociais ou de quotas em sociedade

1 – A penhora de parte social ou de quota em sociedade será feita mediante auto em que se especificará o objecto da penhora e o valor resultante do último balanço, nomeando-se depositário um dos administradores, directores ou gerentes.

2 – Se não for possível indicar no auto da penhora o valor do último balanço, será esse valor fixado pelo órgão da execução fiscal antes da venda.

Artigo 226.º
Formalidades de penhora de títulos de crédito emitidas por entidades públicas

Quando haja de penhorar-se um título de crédito emitido por entidade pública, observar-se-á o seguinte:

a) Dar-se-á conhecimento aos serviços competentes de que não devem autorizar nem efectuar o pagamento;
b) No acto da penhora apreender-se-á o título;
c) Não sendo possível a apreensão, o órgão da execução fiscal providenciará no sentido de os serviços competentes lhe remeterem segunda via do título e considerar nulo o seu original;
d) Em seguida, o órgão da execução fiscal promoverá a cobrança do título, fazendo entrar o produto em conta da dívida exequenda e do acrescido, e, havendo sobras, depositar-se-ão em operações de tesouraria, para serem entregues ao executado.

Artigo 227.º
Formalidades de penhora de quaisquer abonos ou vencimentos

Se a penhora tiver de recair em quaisquer abonos ou vencimentos de funcionários públicos ou empregados de pessoa colectiva de

direito público ou em salário de empregados de empresas privadas ou de pessoas particulares, obedecerá às seguintes regras:
   a) Liquidada a dívida exequenda e o acrescido, solicitar-se-ão os descontos à entidade encarregada de processar as folhas, por carta registada com aviso de recepção, ainda que aquela tenha a sede fora da área do órgão da execução fiscal, sendo os juros de mora contados até à data da liquidação;
   b) Os descontos, à medida que forem feitos, serão depositados em operações de tesouraria, à ordem do órgão da execução fiscal;
   c) A entidade que efectuar o depósito enviará um duplicado da respectiva guia para ser junto ao processo.

Artigo 228.º
Penhora de rendimentos periódicos

1 – A penhora em rendimentos, tais como rendas, juros ou outras prestações periódicas, terá trato sucessivo pelos períodos bastantes para o pagamento da dívida exequenda e do acrescido, nomeando-se depositário o respectivo devedor.

2 – As importâncias vencidas serão depositadas em operações de tesouraria, à ordem do órgão periférico local da área da residência do depositário mediante documento de cobrança passado pelo funcionário, devendo ser enviado duplicado da guia comprovativo do pagamento ao do órgão da execução fiscal.

3 – A penhora a que se refere este artigo caduca de direito logo que esteja extinta a execução, o que será comunicado ao depositário.

Artigo 229.º
Formalidades de penhora de rendimentos

1 – Na penhora de rendimentos observar-se-á o seguinte:
   a) No acto da penhora, notificar-se-á o devedor dos rendimentos de que não ficará desonerado da obrigação se pagar ao executado, o que se fará constar do auto;
   b) Se o prédio não estiver arrendado à data da penhora ou se o arrendamento findar entretanto, será o mesmo prédio, ou a parte dele que ficar devoluta, arrendado no processo, pela melhor oferta e por prazo não excedente a um ano, renovável até ao pagamento da execução;

c) Se um imóvel impenhorável estiver ocupado gratuitamente, ser-lhe-á atribuído, para efeitos de penhora, uma renda mensal correspondente a 1/240 ou 1/180 do seu valor patrimonial, conforme se trate, respectivamente, de prédio rústico ou prédio urbano;
d) Se o estabelecimento comercial ou industrial, ou a concessão mineira, cujo direito à exploração haja sido penhorado, se encontrar paralisado, proceder-se-á à cedência pela melhor oferta e por prazo não excedente a um ano, renovável até ao pagamento da execução;
e) Se o estabelecimento for concessão mineira, a penhora do direito à exploração, referida na alínea anterior, depende de autorização do ministro competente, que a concederá no prazo de 30 dias;
f) Se os rendimentos penhorados não forem pagos no seu vencimento, será o respectivo devedor executado no processo pelas importâncias não depositadas.

2 – É aplicável à entrega dos rendimentos penhorados o disposto no n.º 2 do artigo anterior.

Artigo 230.º
Penhora de móveis sujeita a registo

1 – Quando a penhora de móveis estiver sujeita a registo, será este imediatamente requerido pelo órgão da execução fiscal, aplicando-se o n.º 4 do artigo 195.º.

2 – O serviço competente efectuará o registo no prazo de 15 dias e, dentro deste prazo, remeterá o respectivo certificado e a certidão de ónus, a fim de serem juntos ao processo.

3 – [Eliminado pela Lei n.º 109-B/2001, de 27 de Dezembro, *Lei do Orçamento do Estado para 2002*]

Artigo 231.º
Formalidades de penhora de imóveis

Na penhora de imóveis lavrar-se-á um auto em relação a cada prédio e observar-se-á o seguinte:

a) Os bens penhorados serão entregues a um depositário escolhido pelo funcionário competente, sob sua responsabilidade, podendo a escolha recair no executado;

b) No auto, o funcionário competente deve, além dos requisitos gerais, identificar o prédio, designando a sua natureza rústica, urbana ou mista, a área aproximada, coberta e livre, a situação, confrontações, número de polícia e denominação, havendo-os;
c) O auto será assinado pelo depositário ou por duas testemunhas, quando este não souber ou não puder assinar, sendo-lhe entregue uma relação dos bens penhorados, se a pedir;
d) Feita no auto a anotação do artigo da matriz e do valor patrimonial, será o mesmo apresentado na conservatória do registo predial para, no prazo de quarenta e oito horas, nele se indicando o número da descrição predial ou se declarar que não está descrito;
e) Cumpridas as regras anteriores, observar-se-á o disposto no artigo 230.º

[Redacção dada pela Lei n.º 109-B/2001, de 27 de Dezembro, *Lei do Orçamento do Estado para 2002*]

Artigo 232.º
Formalidades de penhora do direito a bens indivisos

Da penhora que tiver por objecto o direito a uma parte de bens, lavrar-se-á auto, no qual se indicará a quota do executado, se identificarão os bens, se forem determinados, e os condóminos, observando-se ainda as regras seguintes:

a) O depositário será escolhido pelo funcionário, que preferirá o administrador dos bens, se o houver, podendo, na falta deste, ser o próprio executado;
b) Obtidos os elementos indispensáveis junto do órgão de execução fiscal e da conservatória, será a penhora registada, se for caso disso, e, depois de passados o certificado de registo e a certidão de ónus, serão estes documentos juntos ao processo;
c) Efectuada a penhora no direito e acção a herança indivisa, e correndo inventário, o órgão da execução fiscal comunicará o facto ao respectivo tribunal e solicitar-lhe-á que oportunamente informe quais os bens adjudicados ao executado, podendo, neste caso, a execução ser suspensa por período não superior a 1 ano;
d) A penhora transfere-se, sem mais, para os bens que couberem ao executado na partilha.

Artigo 233.º
Responsabilidade dos depositários

À responsabilidade dos depositários dos bens penhorados aplicar-se-ão as seguintes regras:

a) Para os efeitos da responsabilização do depositário pelo incumprimento do dever de apresentação de bens, aquele será executado pela importância respectiva, no próprio processo, sem prejuízo do procedimento criminal;
b) O depositário poderá ser oficiosamente removido pelo órgão da execução fiscal;
c) Na prestação de contas o órgão da execução fiscal nomeará um perito, se for necessário, e decidirá segundo o seu prudente arbítrio.

Artigo 234.º
Penhora de direitos

É subsidiariamente aplicável à penhora de direitos o disposto na lei para a penhora das coisas móveis e das coisas imóveis.

Artigo 235.º
Levantamento da penhora

1 – A penhora pode ser levantada verificados os pressupostos previstos no artigo 183.º- A, aplicando-se os termos aí estatuídos, com as necessárias adaptações.

2 – Quando a execução tiver sido paga por terceiro sub-rogado e o processo, por motivo que lhe seja imputável, se encontre parado há mais de 6 meses, a penhora poderá ser levantada a requerimento do executado ou de qualquer credor.

[Redacção dada pela Lei n.º 15/2001, de 5 de Junho, que *"Reforça as garantias do contribuinte e a simplificação processual, reformula a organização judiciária tributária e estabelece um novo regime geral para as infracções tributárias"*]

Artigo 236.º
Inexistência de bens penhoráveis

1 – Se ao executado não forem encontrados bens penhoráveis, o funcionário competente lavrará auto de diligência, perante duas

testemunhas idóneas que ratifiquem o facto, devendo uma delas, sempre que possível, ser o presidente da junta de freguesia.

2 – O auto será assinado pelas testemunhas, se souberem e puderem fazê-lo, e pelo funcionário competente.

3 – O órgão da execução fiscal assegurar-se-á, por todos os meios ao seu alcance, incluindo a consulta dos arquivos informáticos da administração tributária, de que o executado não possui bens penhoráveis.

SUBSECÇÃO III
Dos embargos de terceiro

ARTIGO 237.º
Função do incidente dos embargos de terceiro.
Disposições aplicáveis

1 – Quando o arresto, a penhora ou qualquer outro acto judicialmente ordenado de apreensão ou entrega de bens ofender a posse ou qualquer outro direito incompatível com a realização ou o âmbito da diligência, de que seja titular um terceiro, pode este fazê-lo valer por meio de embargos de terceiro.

2 – Os embargos são deduzidos junto do órgão da execução fiscal.

3 – O prazo para dedução de embargos de terceiro é de 30 dias contados desde o dia em que foi praticado o acto ofensivo da posse ou direito ou daquele em que o embargante teve conhecimento da ofensa, mas nunca depois de os respectivos bens terem sido vendidos.

[Redacção dada pela Lei n.º 109-B/2001, de 27 de Dezembro, *Lei do Orçamento do Estado para 2002*]

ARTIGO 238.º
Eficácia do caso julgado

A decisão de mérito proferida nos embargos de terceiro constitui caso julgado no processo de execução fiscal quanto à existência e titularidade dos direitos invocados por embargante e embargado.

SECÇÃO VIII
Da convocação dos credores e da verificação dos créditos

Artigo 239.º
Citação dos credores preferentes e do cônjuge

1 – Feita a penhora e junta a certidão de ónus, serão citados os credores com garantia real, relativamente aos bens penhorados, e o cônjuge do executado no caso previsto no artigo 220.º ou quando a penhora incida sobre bens imóveis ou bens móveis sujeitos a registo, sem o que a execução não prosseguirá.

2 – Os credores desconhecidos, bem como os sucessores dos credores preferentes, serão citados por anúncio e éditos de 20 dias.

Artigo 240.º
Convocação dos credores

1 – Podem reclamar os seus créditos no prazo de 15 dias após a citação nos termos do artigo anterior os credores que gozem de garantia real sobre os bens penhorados.

2 – O crédito exequendo não carece de ser reclamado.

3 – O órgão da execução fiscal poderá não proceder à convocação de credores quando a penhora incida apenas sobre abonos, vencimentos ou pensões ou quando, em caso de penhora de dinheiro ou bens móveis sujeitos a registo, dos autos não constar qualquer direito real de garantia e a dívida seja inferior a 100 unidades de conta.

4 – O disposto no número anterior não obsta a que o credor com garantia real reclame espontaneamente o seu crédito na execução, até à transmissão dos bens penhorados.

Artigo 241.º
Citação do órgão de execução fiscal

1 – Se não se verificarem as circunstâncias do n.º 3 do artigo anterior, serão citados os chefes dos serviços periféricos locais da área do domicílio fiscal da pessoa a quem foram penhorados os bens e da situação dos imóveis ou do estabelecimento comercial ou industrial onde não corra o processo para, no prazo de 15 dias, apresentarem certidão das dívidas que devam ser reclamadas.

2 – Se a certidão tiver de ser passada pelo serviço local ou periférico da administração tributária onde correr o processo, será junto a este, sem mais formalidades, no prazo de 10 dias a contar da penhora.

3 – Às certidões e à citação a que se refere este artigo é aplicável o disposto nos n.ºs 2, 3 e 4 do artigo 80.º do presente Código.

[Redacção dada pela Lei n.º 109-B/2001, de 27 de Dezembro, *Lei do Orçamento do Estado para 2002*]

ARTIGO 242.º
Citação edital dos credores desconhecidos
e sucessores não habilitados dos preferentes

1 – Para a citação dos credores desconhecidos e sucessores não habilitados dos preferentes afixar-se-á um só edital no órgão da execução fiscal onde correr a execução.

2 – Os anúncios serão publicados em dois números seguidos de um dos jornais mais lidos no local da execução ou no da sede ou da localização dos bens.

3 – Se a quantia penhorada for inferior a 100 unidades de conta publicar-se-á um único anúncio e, se for inferior a 20 vezes esse valor, não haverá anúncio algum.

ARTIGO 243.º
Prazo de reclamação de créditos
pelo representante da Fazenda Pública

O representante da Fazenda Pública junto do tribunal tributário de 1.ª instância da área do órgão da execução fiscal reclamará os créditos no prazo de 25 dias a contar da data em que for notificado.

ARTIGO 244.º
Realização da venda

1 – A venda realizar-se-á após o termo do prazo de reclamação de créditos.

2 – Pode ser suspensa mediante decisão fundamentada do órgão da execução fiscal a realização da venda caso o valor dos créditos reclamados pelos credores referidos nos artigos 240.º e 242.º for

manifestamente superior ao da dívida exequenda e acrescido, podendo a execução prosseguir em outros bens.

3 – No caso previsto no número anterior, a venda só se realizará após o trânsito em julgado da decisão de verificação e graduação de créditos, caso desta resulte o valor dos créditos reclamados aí referidos ser inferior ao montante da dívida exequenda e acrescido.

Artigo 245.º
Verificação e graduação de créditos

1 – A verificação e graduação dos créditos tem efeito suspensivo quanto ao seu objecto, sem prejuízo do andamento da execução fiscal até à venda dos bens.

2 – Havendo reclamações ou juntas as certidões referidas no artigo 241.º o processo será remetido ao tribunal tributário de 1.ª instância para ulteriores termos de verificação e graduação de créditos acompanhado de cópia autenticada do processo principal.

[Redacção dada pela Lei n.º 15/2001, de 5 de Junho, que *"Reforça as garantias do contribuinte e a simplificação processual, reformula a organização judiciária tributária e estabelece um novo regime geral para as infracções tributárias"*]

Artigo 246.º
Disposições aplicáveis à reclamação de créditos

Na reclamação de créditos observar-se-ão as disposições do Código de Processo Civil, mas só é admissível prova documental.

Artigo 247.º
Devolução do processo de reclamação de créditos
ao órgão da execução fiscal

1 – Os processos que tiverem subido ao tribunal tributário de 1.ª instância para decisão da verificação e graduação de créditos serão devolvidos ao órgão da execução fiscal.

2 – No caso de o tribunal tributário de 1.ª instância não poder efectuar a liquidação por não dispor dos elementos necessários, solicitá-los-á ao órgão da execução fiscal para que lhes forneça no prazo que fixar.

SECCÃO IX
Da venda dos bens penhorados

Artigo 248.º
Regra geral

A venda é feita por meio de propostas em carta fechada, salvo quando diversamente se disponha na presente lei .

[Redacção dada pela Lei n.º 15/2001, de 5 de Junho, que *"Reforça as garantias do contribuinte e a simplificação processual, reformula a organização judiciária tributária e estabelece um novo regime geral para as infracções tributárias"*]

Artigo 249.º
Publicidade da venda

1 – Determinada a venda, procede-se à respectiva publicitação, mediante editais, anúncios e divulgação através da Internet

2 – Os editais são afixados, com a antecipação de 10 dias úteis, um na porta dos serviços do órgão da execução fiscal e outro na porta da sede da junta de freguesia em que os bens se encontrem.

3 – Tratando-se de prédios urbanos, afixa-se também um edital na porta de cada um deles, com a mesma antecipação.

4 – Os anúncios são publicados, com a antecipação referida no n.º 2, num dos jornais mais lidos no lugar da execução ou no da localização dos bens.

5 – Em todos os meios de publicitação da venda incluem-se, por forma que permita a sua fácil compreensão, as seguintes indicações:

a) Designação do órgão por onde corre o processo;
b) Nome ou firma do executado;
c) Identificação sumária dos bens;
d) Local, prazo e horas em que os bens podem ser examinados;
e) Valor base da venda;
f) Designação e endereço do órgão a quem devem ser entregues ou enviadas as propostas;
g) Data e hora limites para recepção das propostas;
h) Data, hora e local de abertura das propostas.

6 – Os bens devem estar patentes no local indicado, pelo menos até ao dia e hora limites para recepção das propostas, sendo o depo-

sitário obrigado a mostrá-los a quem pretenda examiná-los, durante as horas fixadas nos meios de publicitação da venda.

7 – Os titulares do direito de preferência na alienação dos bens são notificados do dia e hora da entrega dos bens ao proponente, para poderem exercer o seu direito no acto da adjudicação.

8 – A publicitação através da Internet faz-se nos termos definidos em portaria do Ministro das Finanças.

9 – Nas execuções por dívidas até 60 vezes a unidade de conta podem não se publicar anúncios para a venda, quando o órgão da execução fiscal o entender dispensável, atento o reduzido valor dos bens, procedendo-se, porém, sempre, à afixação de editais, à publicitação através da Internet e às notificações.

(Redacção dada pela Lei n.º 15/2001, de 5 de Junho)

Artigo 250.º
Valor base dos bens para a venda

1 – O valor base para venda é determinado da seguinte forma:

a) Os imóveis, inscritos ou omissos na matriz, pelo valor que for fixado pelo órgão da execução fiscal, podendo a fixação ser precedida de parecer técnico do presidente da comissão de avaliação ou de um perito avaliador designado nos termos da lei, não podendo ser inferior ao valor patrimonial;

b) Os móveis, pelo valor que lhes tenha sido atribuído no auto de penhora, salvo se outro for apurado pelo órgão da execução fiscal.

2 – O valor base a anunciar para a venda é igual a 70% do determinado nos termos do número anterior.

[Redacção dada pela Lei n.º 15/2001, de 5 de Junho, que *"Reforça as garantias do contribuinte e a simplificação processual, reformula a organização judiciária tributária e estabelece um novo regime geral para as infracções tributárias"*]

Artigo 251.º
Local de entrega das propostas e de realização da venda. Equiparação da concessão mineira a imóvel

1 – A entrega de propostas far-se-á no local do órgão da execução fiscal onde vai ser efectuada a venda.

2 – [Revogado pela Lei n.º 15/2001, de 5 de Junho que *"Reforça as garantias do contribuinte e a simplificação processual, reformula a*

organização judiciária tributária e estabelece um novo regime geral para as infracções tributárias"]

3 – A concessão mineira é equiparada a imóvel, devendo, se abranger vários concelhos, a venda realizar-se no órgão da execução fiscal da área onde se processa a maior parte do processo de exploração.

4 – A validade da venda da concessão mineira depende de autorização expressa do ministro competente, a requerimento do adquirente, a apresentar no prazo de 60 dias após a sua realização.

ARTIGO 252.º
Outras modalidades de venda

1 – A venda por das modalidades previstas no Código de Processo Civil só se efectuará nos seguintes casos:

a) Quando a modalidade de venda for a de propostas em carta fechada e no dia designado para a abertura de propostas se verificar a inexistência de proponentes ou a existência apenas de propostas de valor inferior ao valor base anunciado;
b) Quando os bens a vender forem valores mobiliários admitidos à cotação em bolsa.

2 – Quando haja fundada urgência na venda de bens, ou estes sejam de valor não superior a 40 unidades de conta, a venda é feita por negociação particular.

3 – Quando tenha lugar a venda por negociação particular, são publicitados na Internet, nos termos definidos em portaria do Ministro das Finanças, o nome ou firma do executado, o órgão por onde corre o processo, a identificação sumária dos bens, o local, o prazo e as horas em que estes podem ser examinados, o valor base da venda e o nome ou firma do negociador, bem como a residência ou sede deste. (*vide* Portaria n.º 352/2002, de 3 de Abril)

[Redacção dada pelo Decreto-Lei n.º 38/2003, de 8 de Março – que, *"no uso da autorização legislativa concedida pela Lei n.º 23/2002, de 21 de Agosto, altera o Código de Processo Civil, o Código Civil, o Código do Registo Predial, o Código dos Processos Especiais de Recuperação da Empresa e de Falência, o Código de Procedimento e de Processo Tributário, o Código de Processo do Trabalho, o Código dos Valores Mobiliários e legislação conexa, alterando o regime jurídico da acção executiva"* – que entrou em vigor em 15/09/2003]

ARTIGO 253.º
Adjudicação dos bens na venda por proposta em carta fechada

Na venda por meio de propostas em carta fechada observar-se-á o seguinte:
 a) A abertura das propostas far-se-á no dia e hora designados, na presença do órgão da execução fiscal, podendo assistir à abertura os proponentes, os reclamantes citados nos termos do artigo 239.º e quem puder exercer o direito de preferência ou remissão;
 b) Se o preço mais elevado, com o limite mínimo previsto no n.º 2 do artigo 250.º, for oferecido por mais de um proponente, abre-se logo licitação entre eles, salvo se declararem que pretendem adquirir os bens em compropriedade;
 c) Estando presente só um dos proponentes do maior preço, pode esse cobrir a proposta dos outros e, se nenhum deles estiver presente ou nenhum quiser cobrir a proposta dos outros, procede-se a sorteio para determinar a proposta que deve prevalecer.

ARTIGO 254.º
Arrematação

[Revogado pelo artigo 7.º da Lei n.º 15/2001, de 5 de Junho, que *"Reforça as garantias do contribuinte e a simplificação processual, reformula a organização judiciária tributária e estabelece um novo regime geral para as infracções tributárias"*]

ARTIGO 255.º
Inexistência de propostas

No caso da venda por proposta em carta fechada, quando não houver propostas que satisfaçam os requisitos do artigo 250.º, o órgão da execução fiscal poderá adquirir os bens para a Fazenda Pública, com observância do seguinte:
 a) Até ao valor da dívida exequenda e do acrescido, salvo se o valor real dos bens for inferior ao total da dívida, caso em que o preço não deverá exceder dois terços desse valor;
 b) No caso de se tratar de prédio ou outro bem que esteja onerado com encargos mais privilegiados do que as dívidas ao

Estado, o direito referido no presente artigo será exercido pelo dirigente máximo do serviço, quando o montante daqueles encargos for inferior a dois terços do valor real do prédio;
c) Efectuada a aquisição para a Fazenda Pública, o funcionário competente, quando for caso disso, promove o registo na conservatória, aplicando-se o disposto no n.º 4 do artigo 195.º e envia todos os documentos ao imediato superior hierárquico;
d) O imediato superior hierárquico comunica a aquisição à Direcção-Geral do Património.

[Redacção dada pela Lei n.º 15/2001, de 5 de Junho, que *"Reforça as garantias do contribuinte e a simplificação processual, reformula a organização judiciária tributária e estabelece um novo regime geral para as infracções tributárias"*]

Artigo 256.º
Formalidades da venda

A venda obedece ainda aos seguintes requisitos:
a) Não podem ser adquirentes, por si, por interposta pessoa ou por entidade jurídica em que participem, os magistrados e os funcionários da administração tributária;
b) Não podem ser adquirentes entidades não residentes submetidas a um regime fiscal claramente mais favorável ou aquelas cujos regimes jurídicos não permitam identificar os titulares efectivos do capital;
c) Das vendas de bens móveis, efectuadas no mesmo dia e no mesmo processo, lavrar-se-á um único auto, mencionando-se o nome de cada adquirente, os objectos ou lotes vendidos e o preço;
d) Nas vendas de bens imóveis lavrar-se-á um auto por cada prédio;
e) O funcionário competente passará guia para o adquirente depositar a totalidade do preço, ou parte deste, não inferior a um terço, em operações de tesouraria, à ordem do órgão da execução fiscal, e, não sendo feito todo o depósito, a parte restante será depositada no prazo de 15 dias, sob pena das sanções previstas na lei do processo civil;
f) Nas aquisições de valor superior a 500 vezes a unidade de conta, o prazo referido na alínea anterior pode ser prorro-

gado até seis meses, mediante requerimento fundamentado do adquirente;
g) Efectuado o depósito, juntar-se-á ao processo um duplicado da guia;
h) O adquirente, ainda que demonstre a sua qualidade de credor, nunca será dispensado do depósito do preço
i) O Estado, os institutos públicos e as instituições de segurança social não estão sujeitos à obrigação do depósito do preço, enquanto tal não for necessário para pagamento de credores mais graduados no processo de reclamação de créditos.

[Redacção dada pela Lei n.º 15/2001, de 5 de Junho, que *"Reforça as garantias do contribuinte e a simplificação processual, reformula a organização judiciária tributária e estabelece um novo regime geral para as infracções tributárias"*]

ARTIGO 257.º
Prazos de anulação da venda

1 – A anulação da venda só poderá ser requerida dentro dos prazos seguintes:
a) De 90 dias, no caso de a anulação se fundar na existência de algum ónus real que não tenha sido tomado em consideração e não haja caducado ou em erro sobre o objecto transmitido ou sobre as qualidades por falta de conformidade com o que foi anunciado;
b) De 30 dias, quando for invocado fundamento de oposição à execução que o executado não tenha podido apresentar no prazo da alínea a) do n.º 1 do artigo 203.º;
c) De 15 dias, nos restantes casos previstos no Código de Processo Civil.

2 – O prazo contar-se-á da data da venda ou da que o requerente tome conhecimento do facto que servir de fundamento à anulação, competindo-lhe provar a data desse conhecimento, ou do trânsito em julgado da acção referida no n.º 3.

3 – Se o motivo da anulação da venda couber nos fundamentos da oposição à execução, a anulação depende do reconhecimento do respectivo direito nos termos do presente Código, suspendendo-se o prazo referido na alínea c) do n.º 1 no período entre a acção e a decisão.

4 – A anulação da venda não prejudica os direitos que possam assistir ao adquirente em virtude da aplicação das normas sobre enriquecimento sem causa.

Artigo 258.º
Remição

O direito de remição é reconhecido nos termos previstos no Código de Processo Civil.

[Redacção dada pela Lei n.º 15/2001, de 5 de Junho, que *"Reforça as garantias do contribuinte e a simplificação processual, reformula a organização judiciária tributária e estabelece um novo regime geral para as infracções tributárias"*]

SECÇÃO X
Da extinção da execução

SUBSECÇÃO I
Da extinção por pagamento coercivo

Artigo 259.º
Levantamento da quantia necessária para o pagamento

1 – Se a penhora for de dinheiro, o levantamento da quantia necessária para o pagamento da dívida exequenda e do acrescido será feito por via de mandado passado a favor do órgão da execução fiscal.

2 – Tratando-se de depósito obrigatório na instituição de crédito competente, solicitar-se-á a esta a passagem de precatório-cheque a favor do órgão da execução fiscal onde correr o processo.

Artigo 260.º
Cancelamento de registos

O levantamento da penhora e o cancelamento dos registos dos direitos reais que caducam, nos termos do n.º 2 do artigo 824.º do Código Civil, serão ordenados pelo órgão da execução fiscal se anteriormente não tiverem sido requeridos pelo adquirente dos bens.

Artigo 261.º
Extinção da execução pelo pagamento coercivo

1 – Se, em virtude da penhora ou da venda, forem arrecadadas importâncias suficientes para solver a execução, e não houver lugar a verificação e graduação de créditos, será aquela declarada extinta depois de feitos os pagamentos.

2 – No despacho, que não será notificado, o órgão da execução fiscal declarará se foram cumpridas as formalidades legais, designadamente as da conta e dos pagamentos.

Artigo 262.º
Insuficiência da importância arrecada. Pagamentos parciais

1 – Sempre que seja ou possa ser reclamado no processo de execução fiscal um crédito tributário existente e o produto da venda dos bens penhorados não seja suficiente para o seu pagamento, o processo continuará seus termos até integral execução dos bens do executado e responsáveis solidários ou subsidiários, sendo entretanto sustados os processos de execução fiscal pendentes com o mesmo objecto.

2 – Quando, em virtude de penhora ou de venda, forem arrecadadas importâncias insuficientes para solver a dívida exequenda e o acrescido, serão sucessivamente aplicadas, em primeiro lugar, na amortização dos juros de mora, de outros encargos legais e da dívida tributária mais antiga, incluindo juros compensatórios.

3 – O montante aplicado no pagamento dos juros de mora não pode em caso algum ser superior ao de metade do capital da dívida a amortizar.

4 – Se a execução não for por tributos ou outros rendimentos em dívida à Fazenda Pública, pagar-se-ão, sucessivamente, as custas, a dívida exequenda e os juros de mora.

5 – Se a dívida exequenda abranger vários títulos de cobrança e a quantia arrecadada perfizer a importância de um deles, será satisfeito esse documento, que se juntará ao processo.

6 – Se a quantia não chegar para pagar um título de cobrança ou se, pago um por inteiro, sobrar qualquer importância, dar-se-á pagamento por conta ao documento mais antigo; se forem da mesma data, imputar-se-á no documento de menor valor e, em igualdade de circunstâncias, em qualquer deles.

7 – No pagamento por conta de um documento de cobrança observar-se-á o seguinte:

a) No verso da certidão de dívida correspondente averbar-se-á a importância paga, sendo a verba datada e assinada pelo funcionário competente, que passará a respectiva guia, onde mencionará a identificação do documento de cobrança, sua proveniência e ano a que respeita;

b) O órgão da execução fiscal passará recibo.

8 – Os juros de mora são devidos relativamente à parte que for paga até ao mês, inclusive, em que se tiver concluído a venda dos bens ou, se a penhora for de dinheiro, até ao mês em que esta se efectuou.

ARTIGO 263.º
Guia para pagamento coercivo

O pagamento coercivo será sempre feito mediante guia ou título de cobrança equivalente de modelo a aprovar, passada pelo funcionário.

SUBSECÇÃO II
Da extinção por pagamento voluntário

ARTIGO 264.º
Pagamento voluntário. Pagamento por conta

1 – A execução extinguir-se-á no estado em que se encontrar se o executado, ou outra pessoa por ele, pagar a dívida exequenda e o acrescido, salvo o que, na parte aplicável, se dispõe neste Código sobre a sub-rogação.

2 – Sem prejuízo do andamento do processo, pode efectuar-se qualquer pagamento por conta do débito, desde que a entrega não seja inferior a 3 unidades de conta, observando-se, neste caso, o disposto nos n.ºs 2 a 6 do artigo 262.º.

3 – Na execução fiscal são admitidos sem excepção os meios de pagamento previstos na fase do pagamento voluntário das obrigações tributárias.

Artigo 265.º
Formalidades do pagamento voluntário

1 – O pagamento poderá ser requerido verbalmente e efectuar-se-á no mesmo dia, por meio de guia ou documento de cobrança equivalente a aprovar, passada pelo funcionário competente.

2 – Além do exemplar da guia ou destacável do documento de cobrança equivalente, que deve ficar nos serviços de tesouraria, juntar-se-á outro ao processo e, sendo necessário, processar-se-á um terceiro exemplar para ser entregue, como recibo, ao interessado.

3 – O pagamento não sustará o concurso de credores se for requerido após a venda e só terá lugar, na parte da dívida exequenda não paga, depois de aplicado o produto da venda ou o dinheiro penhorado no pagamento dos créditos graduados.

Artigo 266.º
Pagamento havendo carta precatória

Quando tiver sido expedida carta precatória, o pagamento poderá ser feito no órgão de execução fiscal deprecado ou no deprecante.

Artigo 267.º
Pagamento no órgão da execução fiscal deprecante

1 – Se o pagamento for requerido perante o órgão da execução fiscal deprecante, este mandará depositar à sua ordem, em operações de tesouraria, a quantia que repute suficiente para o pagamento da dívida e do acrescido.

2 – Efectuado o depósito, solicitar-se-á de imediato a devolução da carta precatória no estado em que se encontrar, e, recebida esta, o funcionário, dentro de 24 horas, contará o processo e processará uma guia de operações de tesouraria, que remeterá à Direcção-Geral do Tesouro, com cópia para o processo.

Artigo 268.º
Pagamento no órgão da execução fiscal deprecada

Quando o pagamento tiver sido requerido no órgão da execução fiscal deprecado, após o pagamento integral do débito, este juntará à carta precatória o documento comprovativo do pagamento e devolvê-lo-á de imediato ao órgão da execução fiscal deprecante.

ARTIGO 269.º
Extinção da execução pelo pagamento voluntário

Efectuado o pagamento voluntário, o órgão da execução fiscal onde correr o processo declara extinta a execução.

ARTIGO 270.º
Extinção da execução por anulação da dívida

1 – O órgão da execução fiscal onde correr o processo deverá declarar extinta a execução, oficiosamente, quando se verifique a anulação da dívida exequenda.

2 – Quando a anulação tiver de efectivar-se por nota de crédito, a extinção só se fará após a sua emissão.

ARTIGO 271.º
Levantamento e cancelamento do registo

Extinta a execução por anulação da dívida, ordenar-se-á o levantamento da penhora e o cancelamento do seu registo, quando houver lugar a ele.

SUBSECÇÃO III
Da declaração em falhas

ARTIGO 272.º
Declaração em falhas

Será declarada em falhas pelo órgão da execução fiscal a dívida exequenda e acrescido quando, em face de auto de diligência, se verifique um dos seguintes casos:

a) Demonstrar a falta de bens penhoráveis do executado, seus sucessores e responsáveis solidários ou subsidiários;
b) Ser desconhecido o executado e não ser possível identificar o prédio, quando a dívida exequenda for de tributo sobre a propriedade imobiliária;
c) Encontrar-se ausente em parte incerta o devedor do crédito penhorado e não ter o executado outros bens penhoráveis.

ARTIGO 273.º

Eliminação do prédio da matriz

Se o fundamento da declaração em falhas for o da alínea *b)* do artigo anterior, o órgão competente eliminará na matriz o artigo referente ao prédio desconhecido.

ARTIGO 274.º

Prosseguimento da execução da dívida declarada em falhas

A execução por dívida declarada em falhas prosseguirá, sem necessidade de nova citação e a todo o tempo, salvo prescrição, logo que haja conhecimento de que o executado, seus sucessores ou outros responsáveis possuem bens penhoráveis ou, no caso previsto na alínea *b)* do artigo 272.º, logo que se identifique o executado ou o prédio.

ARTIGO 275.º

Inscrição do prédio na matriz

Quando houver dívida declarada em falhas, inscrever-se-á na matriz o prédio cuja identificação se tornou possível.

SECÇÃO XI

Das reclamações e recursos das decisões dos órgãos da execução fiscal

ARTIGO 276.º

Reclamações das decisões do órgão da execução fiscal

As decisões proferidas pelo órgão da execução fiscal e outras autoridades da administração tributária que no processo afectem os direitos e interesses legítimos do executado ou de terceiro são susceptíveis de reclamação para o tribunal tributário de 1.ª instância.

[Redacção dada pela Lei n.º 109-B/2001, de 27 de Dezembro, *Lei do Orçamento do Estado para 2002*]

ARTIGO 277.º

Prazo e apresentação da reclamação

1 – A reclamação será apresentada no prazo de 10 dias após a notificação da decisão e indicará expressamente os fundamentos e conclusões.

2 – A reclamação é apresentada no órgão da execução fiscal que, no prazo de 10 dias, poderá ou não revogar o acto reclamado.

3 – Caso o acto reclamado tenha sido proferido por entidade diversa do órgão da execução fiscal, o prazo referido no número anterior é de 30 dias.

[Redacção dada pela Lei n.º 109-B/2001, de 27 de Dezembro, *Lei do Orçamento do Estado para 2002*]

Artigo 278.º
Subida da reclamação. Resposta da Fazenda Pública e efeito suspensivo

1 – O tribunal só conhecerá das reclamações quando, depois de realizadas a penhora e a venda, o processo lhe for remetido a final.

2 – Antes do conhecimento das reclamações, será notificado o representante da Fazenda Pública para responder, no prazo de 8 dias, ouvido o representante do Ministério Público, que se pronunciará no mesmo prazo.

3 – O disposto no n.º 1 não se aplica quando a reclamação se fundamentar em prejuízo irreparável causado por qualquer das seguintes ilegalidades:

  a) Inadmissibilidade da penhora dos bens concretamente apreendidos ou da extensão com que foi realizada;
  b) Imediata penhora dos bens que só subsidiariamente respondam pela dívida exequenda;
  c) Incidência sobre bens que, não respondendo, nos termos de direito substantivo, pela dívida exequenda, não deviam ter sido abrangidos pela diligência;
  d) Determinação da prestação de garantia indevida ou superior à devida.

4 – No caso previsto no número anterior, caso não se verificar a circunstância dos n.ºs 2 e 3 do artigo 277.º, o órgão da execução fiscal fará subir a reclamação no prazo de oito dias.

5 – A reclamação referida no presente artigo segue as regras dos processos urgentes, tendo a sua apreciação prioridade sobre quaisquer processos que devam ser apreciados no tribunal que não tenham esse carácter.

6 – Considera-se haver má fé, para efeitos de tributação em sanção pecuniária por esse motivo, a apresentação do pedido referido no n.º 3 do presente artigo sem qualquer fundamento razoável.

[Redacção dada pela Lei n.º 109-B/2001, de 27 de Dezembro, *Lei do Orçamento do Estado para 2002*]

TÍTULO V
Dos Recursos dos Actos Jurisdicionais

ARTIGO 279.º
Âmbito

1 – O presente título aplica-se:

a) Aos recursos dos actos jurisdicionais praticados no processo judicial tributário regulado pelo presente Código;

b) Aos recursos dos actos jurisdicionais no processo de execução fiscal, designadamente as decisões sobre incidentes, oposição, pressupostos da responsabilidade subsidiária, verificação e graduação definitiva de créditos, adulação da venda e recursos dos demais actos praticados pelo órgão da execução fiscal.

2 – Os recursos dos actos jurisdicionais sobre meios processuais acessórios comuns à jurisdição administrativa e tributária são regulados pelas normas sobre processo nos tribunais administrativos.

I. Cfr. artigos 140.º e segs. do CPTA.

ARTIGO 280.º
Recursos das decisões proferidas em processos judiciais

1 – Das decisões dos tribunais tributários de 1.ª instância cabe recurso, no prazo de 10 dias, a interpor pelo impugnante, recorrente, executado, oponente ou embargante, pelo Ministério Público, pelo representante da Fazenda Pública e por qualquer outro interveniente que no processo fique vencido, para o Tribunal Central Administrativo, salvo quando a matéria for exclusivamente de direito, caso em que cabe recurso, dentro do mesmo prazo, para a Secção do Contencioso Tributário do Supremo Tribunal Administrativo.

2 – Das decisões do Tribunal Central Administrativo cabe recurso, com base em oposição de acórdãos, nos termos das normas sobre organização e funcionamento dos tribunais administrativos e tributários, para o Supremo Tribunal Administrativo.

3 – Considera-se vencida, para efeitos da interposição do recurso jurisdicional, a parte que não obteve plena satisfação dos seus interesses na causa.

4 – Não cabe recurso das decisões dos tribunais tributários de 1.ª instância proferidas em processo de impugnação judicial ou de execução fiscal quando o valor da causa não ultrapassar um quarto das alçadas fixadas para os tribunais judiciais de 1.ª instância.

5 – A existência de alçadas não prejudica o direito ao recurso para o Supremo Tribunal Administrativo de decisões que perfilhem solução oposta relativamente ao mesmo fundamento de direito e na ausência substancial de regulamentação jurídica, com mais de três sentenças do mesmo ou outro tribunal de igual grau ou com uma decisão de tribunal de hierarquia superior.

I. Cfr. artigo 142.º do CPTA.

Artigo 281.º
Interposição, processamento e julgamento dos recursos

Os recursos serão interpostos, processados e julgados como os agravos em processo civil.

I. Cfr. artigo 140.º do CPTA.

Artigo 282.º
Forma de interposição do recurso. Regras gerais. Deserção

1 – A interposição do recurso faz-se por meio de requerimento em que se declare a intenção de recorrer.

2 – O despacho que admitir o recurso será notificado ao recorrente, ao recorrido, não sendo revel, e ao Ministério Público.

3 – O prazo para alegações a efectuar no tribunal recorrido é de 15 dias contados, para o recorrente, a partir da notificação referida no número anterior e, para o recorrido, a partir do termo do prazo para as alegações do recorrente.

4 – Na falta de alegações, nos termos do n.º 3, o recurso será julgado logo deserto no tribunal recorrido.

5 – Se as alegações não tiverem conclusões, convidar-se-á o recorrente a apresentá-las.

6 – Se as conclusões apresentadas pelo recorrente não reflectirem os fundamentos descritos nas alegações, deverá o recorrente ser convidado para apresentar novas conclusões.

7 – O disposto nos números anteriores aplica-se às conclusões deficientes, obscuras ou complexas ou que não obedeçam aos requisitos aplicáveis na legislação processual ou quando o recurso versar sobre matéria de direito.

[Redacção dada pelo Decreto-Lei n.º 160/2003, de 19 de Julho, que *"procede à harmonização da legislação fiscal, alterando o Código do IRS, o Código do IVA, o Código do Imposto do Selo, a Lei Geral Tributária e o Código de Procedimento e de Processo Tributário"*]

Artigo 283.º
Alegações apresentadas simultaneamente com a interposição do recurso

Os recursos jurisdicionais nos processos urgentes serão apresentados por meio de requerimento juntamente com as alegações no prazo de 10 dias.

I. Cfr. artigo 144.º do CPTA.

Artigo 284.º
Oposição de acórdãos

1 – Caso o fundamento for a oposição de acórdãos, o requerimento da interposição do recurso deve indicar com a necessária individualização os acórdãos anteriores que estejam em oposição com o acórdão recorrido, bem com o lugar em que tenham sido publicados ou estejam registados, sob pena de não ser admitido o recurso.

2 – O relator pode determinar que o recorrente seja notificado para apresentar certidão do ou dos acórdãos anteriores para efeitos de seguimento do recurso.

3 – Dentro dos 8 dias seguintes ao despacho de admissão do recurso o recorrente apresentará uma alegação tendente a demonstrar que entre os acórdãos existe a oposição exigida.

4 – Caso a alegação não seja feita, o recurso será julgado deserto, podendo, em caso contrário, o recorrido responder, contando-se o prazo de resposta do recorrido a partir do termo do prazo da alegação do recorrente.

5 – Caso o relator entenda não haver oposição, considera o recurso findo, devendo, em caso contrário, notificar o recorrente e recorrido para alegar nos termos e no prazo referido no n.º 3 do artigo 282.º.

I. Cfr. artigo 152.º do CPTA.

Artigo 285.º
Recursos dos despachos interlocutórios na impugnação

1 – Os despachos do juiz no processo judicial tributário e no processo de execução fiscal podem ser impugnados no prazo de 10 dias, mediante requerimento contendo as respectivas alegações e conclusões, o qual subirá nos autos com o recurso interposto da decisão final.

2 – O disposto no número anterior não se aplica se a não subida imediata do recurso comprometer o seu efeito útil e quando o recurso não respeitar ao objecto do processo, incluindo o indeferimento de impedimentos opostos pelas partes, caso em que deve ser igualmente apresentado no prazo de 10 dias, por meio de requerimento contendo as respectivas alegações e conclusões.

3 – Em caso de cumulação de impugnação do despacho interlocutório com fundamento em matéria de facto ou de facto e de direito e da impugnação judicial da decisão final com fundamento exclusivamente em matéria de direito, o recurso do despacho interlocutório é processado em separado.

Artigo 286.º
Subida a recurso

1 – Seguidamente, o processo subirá ao tribunal superior, mediante simples despacho do juiz ou, em caso de o fundamento assentar em oposição de julgados, do relator.

2 – Os recursos têm efeito meramente devolutivo, salvo se for prestada garantia nos termos do presente Código ou o efeito devolutivo afectar o efeito útil dos recursos.

I. Cfr. artigo 145.º do CPTA.

ARTIGO 287.º
Distribuição do recurso

1 – Recebido o processo no tribunal de recurso, proceder-se-á à sua distribuição, dentro de 8 dias, por todos os juízes, salvo o presidente.

2 – A distribuição será feita pelo presidente ou, na sua falta, pelo vice-presidente, o juiz mais antigo ou o juiz de turno designado para o efeito, podendo assistir os outros membros do tribunal.

ARTIGO 288.º
Conclusão ao relator. Conhecimento de questões prévias

1 – Feita a distribuição, serão os autos conclusos ao relator que poderá ordenar se proceda a qualquer diligência ou se colha informação do tribunal recorrido ou de alguma autoridade.

2 – O relator não conhecerá do recurso se entender que lhe faltam manifestamente os respectivos pressupostos processuais.

3 – Do despacho do relator referido no número anterior é admitida reclamação para a conferência.

I. Cfr. artigo 146.º do CPTA.

ARTIGO 289.º
Vistos

1 – Satisfeito o disposto no artigo anterior, irá o processo com vista ao Ministério Público, por 15 dias, podendo antes o juiz relator mandar pronunciar-se o recorrente e o recorrido sobre a matéria dos autos no mesmo prazo, se o entender necessário à resolução da causa.

2 – Seguidamente, o processo irá sucessivamente a cada um dos adjuntos por 8 dias e ao relator por 15 dias.

I. Cfr. artigo 146.º do CPTA.

ARTIGO 290.º
Marcação do julgamento

Lançado o visto do relator, o presidente, no prazo de 10 dias, designará a sessão em que há-de ser julgado o processo, não podendo exceder a segunda sessão imediata.

Artigo 291.º
Ordem dos julgamentos

O julgamento dos processos far-se-á pela ordem da respectiva entrada na secretaria, mas o presidente, oficiosamente ou a requerimento dos interessados, poderá dar prioridade a qualquer processo, havendo justo motivo.

Artigo 292.º
Elaboração da conta

A conta será elaborada no final do processo pelo tribunal que tiver julgado em 1.ª instância.

[Preceito aditado pela Lei n.º 3-B/2000, de 4 de Abril, *Lei do Orçamento do Estado para* 2001, com produção de efeitos desde 01/01/2000]

Artigo 293.º
Revisão da sentença

1 – A decisão transitada em julgado pode ser objecto de revisão no prazo de quatro anos, correndo o respectivo processo por apenso ao processo em que a decisão foi proferida.

2 – Apenas é admitida a revisão em caso de decisão judicial transitada em julgado declarando a falsidade do documento, ou documento novo que o interessado não tenha podido nem devia apresentar no processo e que seja suficiente para a destruição da prova feita, ou de falta ou nulidade da notificação do requerente quando tenha dado causa a que o processo corresse à sua revelia.

3 – O requerimento da revisão é apresentado no tribunal que proferiu a decisão a rever, no prazo de 30 dias a contar dos factos referidos no número anterior, juntamente com a documentação necessária.

4 – Se a revisão for requerida pelo Ministério Público, o prazo de apresentação do requerimento referido no número anterior é de 90 dias.

5 – Salvo no que vem previsto no presente artigo, a revisão segue os termos do processo em que foi proferida a decisão revidenda.

[Preceito aditado pela Lei n.º 3-B/2000, de 4 de Abril, *Lei do Orçamento do Estado para* 2001, com produção de efeitos desde 01/01/2000]

I. Cfr. artigos 154.º a 156.º do CPTA.

TABELA DE CORRESPONDÊNCIA

CPPT	CPA Norma correspondente	CPTA Norma correspondente	ETAF	LGT
Artigo 1.º Âmbito	Artigo 1.º	Artigo 2.º	Artigo 4.º	Artigo 1.º
Artigo 2.º Direito subsidiário	Artigo 189.º	Artigo 1.º, 2.ª parte	Artigo 7.º	Artigo 2.º
Artigo 3.º Personalidade e capacidade tributárias	Artigo 52.º			Artigo 15.º Artigo 16.º
Artigo 4.º Intervenção das sucursais				
Artigo 5.º Mandato tributário	Artigo 52.º			
Artigo 6.º Mandato judicial		Artigo 11.º/1		
Artigo 7.º Curador especial ou provisório				
Artigo 8.º Representação das entidades desprovidas de personalidade jurídica mas que dispõem de personalidade tributária e das sociedades ou pessoas colectivas sem representante conhecido				
Artigo 9.º Legitimidade	Artigo 53.º	Artigo 9.º Artigo 10.º		Artigo 65.º
Artigo 10.º Competência da Administração Tributária	Artigo 13.º			Artigo 61.º
Artigo 11.º Conflitos de competência	Artigo 42º Artigo 43.º		Artigo 5º	Artigo 61.º
Artigo 12.º Competência dos Tribunais Tributários		Artigos 13.º a 22.º	Artigo 49.º *	
Artigo 13.º Poderes do juiz		Artigo 3.º Artigo 90.º Artigo 95.º		Artigo 99.º
Artigo 14.º Competência do Ministério Público		Artigo 9.º/2 Artigo 11.º/2	Artigos 51.º e 52.º	
Artigo 15.º Competência do representante da Fazenda Pública		Artigo 11.º/1	Artigos 53º a 55.º	

* Também os artigos 5.º, 26.º e 27.º, 35.º e 45.º.

Artigo 16.º Incompetência absoluta em processo judicial		Artigos 13.º a 22.º		
Artigo 17.º Incompetência territorial em processo judicial		(idem)		
Artigo 18.º Efeitos da declaração judicial de incompetência		(idem)		
Artigo 19.º Deficiências ou irregularidades processuais	Artigo 76.º	Artigo 88.º		
Artigo 20.º Contagem dos prazos	Artigo 72.º	Artigo 41.º Artigo 58.º		Artigo 57.º
Artigo 21.º Despacho e sentenças. Prazos		Artigo 29.º		
Artigo 22.º Promoções do Ministério Público e do representante da Fazenda Pública. Prazo		Artigo 29.º		
Artigo 23.º Prazos fixados	Artigo 71.º	Artigo 29.º		
Artigo 24.º Passagem de certidões e cumprimento de cartas precatórias	Artigo 63.º	Artigos 104.º a 108.º		
Artigo 25.º Cumprimento dos prazos				
Artigo 26.º Recibos	Artigo 81.º			
Artigo 27.º Processos administrativos ou judiciais instaurados. Extracção de verbetes. Averbamentos. Verbetes e cartas precatórias				
Artigo 28.º Arquivo				
Artigo 29.º Modelos dos impressos processuais		Artigo 78.º/5		
Artigo 30.º Consulta dos processos administrativos ou judiciais	Artigo 62.º	Artigos 104.º a 108.º		
Artigo 31.º Editais				

Artigo 32.º Restituição de documentos					
Artigo 33.º Processos administrativos ou judiciais concluídos					
Artigo 34.º Valor probatório dos documentos existentes nos arquivos da administração tributária					
Artigo 35.º Notificações e citações	Artigos 66.º a 70.º	Artigo 25.º			
Artigo 36.º Notificações em geral	(idem)	(idem)			Artigo 77.º
Artigo 37.º Comunicação ou notificação insuficiente	(idem)	(idem)			
Artigo 38.º Avisos e notificações por via postal ou telecomunicações endereçadas	(idem)	(idem)			Artigo 77.º
Artigo 39.º Perfeição das notificações	(idem)	(idem)			
Artigo 40.º Notificação aos mandatários	(idem)	(idem)			
Artigo 41.º Notificação ou citação das pessoas colectivas ou sociedades	(idem)	(idem)			
Artigo 42.º Notificação ou citação do Estado, das autarquias locais e dos serviços públicos	(idem)	(idem)			
Artigo 43.º Obrigação de participação de domicílio					
Artigo 44.º Procedimento tributário	Artigo 1.º				Artigo 54.º
Artigo 45.º Contraditório	Artigo 8.º Artigos 100.º a 105.º				Artigos 55.º e 60.º
Artigo 46.º Proporcionalidade	Artigo 5.º				Artigo 56.º
Artigo 47.º Duplo grau de decisão					Artigo 56.º
Artigo 48.º Cooperação da administração tributária e do contribuinte	Artigo 7.º	Artigo 8.º			Artigo 59.º
Artigo 49.º Cooperação de entidades públicas	Artigos 88.º a 97.º	Artigo 8.º			
Artigo 50.º Meios de prova	Artigos 88.º a 97.º				Artigo 72.º

Artigo 51.º Contratação de outras entidades	Artigos 178.º a 189.º		
Artigo 52.º Erro na forma de procedimento			
Artigo 53.º Arquivamento	Artigo 111.º		
Artigo 54.º Impugnação unitária		Artigo 51.º Artigo 59.º	Artigo 66.º
Artigo 55.º Orientações genéricas			Artigo 68.º, n.º 4
Artigo 56.º Base de dados	Artigo 65.º		Artigo 67.º
Artigo 57.º Informações vinculativas	Artigo 61.º		Artigo 68.º
Artigo 58.º Avaliação prévia			
Artigo 59.º Início do procedimento	Artigo 74.º		Artigos 69.º e 75.º
Artigo 60.º Definitividade dos actos tributários		Artigo 51.º Artigo 59.º	Artigo 77.º/2
Artigo 61.º Juros indeminzatórios			Artigo 43.º
Artigo 62.º Acto de liquidação consequente			
Artigo 63.º Aplicação das normas anti-abuso			
Artigo 64.º Presunções			Artigos 57.º e 73.º
Artigo 65.º Reconhecimento dos benefícios fiscais			
Artigo 66.º Interposição do recurso hierárquico	Artigos 166.º a 169.º Artigos 173.º a 175.º		Artigos 57.º, 66.º e 80.º
Artigo 67.º Recurso hierárquico. Relações com o recurso contencioso	Artigo 170.º	Cfr. Artigo 59.º/4	
Artigo 68.º Procedimento de reclamação graciosa	Artigos 161.º a 165.º		
Artigo 69.º Regras fundamentais	(idem)		
Artigo 70.º Fundamentos e prazo de reclamação graciosa	(idem)		
Artigo 71.º Cumulação de pedidos	(idem)		
Artigo 72.º Coligação de reclamantes	(idem)		

Artigo 73.º Competência para a instauração e instrução do processo	(idem)			
Artigo 74.º Apensação	(idem)			
Artigo 75.º Entidade competente para a decisão	(idem)			
Artigo 76.º Recurso hierárquico. Relações com o recurso contencioso		Cfr. Artigo 59.º/4		
Artigo 77.º Agravamento da colecta				
Artigo 78.º Modalidades da cobrança				
Artigo 79.º Competência				
Artigo 80.º Citação para reclamação de créditos tributários				
Artigo 81.º Restituição do remanescente nas execuções				
Artigo 82.º Trespasse de estabelecimento comercial ou industrial				
Artigo 83.º Sociedades inactivas				
Artigo 84.º Pagamento voluntário				
Artigo 85.º Prazos. Proibição da moratória e da suspensão da execução				
Artigo 86.º Termo do prazo de pagamento voluntário. Pagamentos por conta				
Artigo 87.º Dação em pagamento antes da execução fiscal				
Artigo 88.º Extracção das certidões de dívida				
Artigo 89.º Compensação de dívidas de tributos por iniciativa da administração tributária				Artigo 40.º
Artigo 90.º Compensação por iniciativa do contribuinte				Artigo 40.º
Artigo 91.º Condições da sub- rogação				Artigo 40.º

Artigo 92.º Sub-rogação. Garantias				Artigo 40.º
Artigo 93.º Documentos, conferências e validação dos pagamentos				
Artigo 94.º Prova de pagamento				
Artigo 95.º Cobrança de receitas não liquidadas pela administração tributária				
Artigo 96.º Objecto		Artigo 2.º/1		Artigo 101.º
Artigo 97.º Processo judicial tributário		Artigo 2.º/2 Artigo 47.º/1, al. p) e 2 Artigo		Artigos 95.º e 101.º
Artigo 98.º Nulidades insanáveis		Artigo 89.º		Artigo 97.º/3
Artigo 99.º Fundamentos da impugnação		Artigos 50.º e 51.º		
Artigo 100.º Dúvida sobre o facto tributário. Utilização de métodos indirectos				
Artigo 101.º Arguição subsidiária de vícios		Artigo 95.º		
Artigo 102.º Impugnação judicial. Prazo de apresentação		Artigo 58.º		
Artigo 103.º Apresentação. Local. Efeito suspensivo		Artigo 78.º Artigo 50.º/2		
Artigo 104.º Cumulação de pedidos e coligação de autores		Artigos 12.º, 21.º, e 47.º		
Artigo 105.º Apensação		Artigo 28.º Artigo 61.º		
Artigo 106.º Indeferimento tácito	Artigos 9.º e 109.º	Artigo 67.º, n.º 1, al. a)		Artigos 56.º e 57.º, n.º 4
Artigo 107.º Petição dirigida ao delegante ou subdelegante				
Artigo 108.º Requisitos da petição inicial		Artigo 78.º		
Artigo 109.º Despesas com a produção de prova		Artigo 90.º/2		
Artigo 110.º Contestação		Artigo 83.º		
Artigo 111.º Organização do processo administrativo		Artigo 79.º		

Artigo 112.º Revogação do acto impugnado		Artigo 64.º/65.º	
Artigo 113.º Conhecimento imediato do pedido		Artigo 87.º	
Artigo 114.º Diligências de prova		Artigo 90.º	
Artigo 115.º Meios de prova		(idem)	Artigos 72.º a 76.º
Artigo 116.º Pareceres técnicos. Prova Pericial		(idem)	
Artigo 117.º Impugnação com base em erro na quantificação da matéria tributável ou nos pressupostos de aplicação de métodos indirectos		Cfr. Artigo 59.º/4	Artigo 86.º
Artigo 118.º Testemunhas		Artigo 90.º	
Artigo 119.º Depoimento das testemunhas		(idem)	
Artigo 120.º Notificação para alegações		(idem)	
Artigo 121.º Vista do Ministério Público		Artigo 85.º	
Artigo 122.º Conclusão dos Autos. Sentença		Artigos 92.º e 93.º	
Artigo 123.º Sentença. Objecto		Artigo 95.	
Artigo 124.º Ordem de conhecimento dos vícios na sentença		Artigo 95.º/2	
Artigo 125.º Nulidades da sentença		Artigo 95.º	
Artigo 126.º Notificação da sentença		Artigo 96.º	
Artigo 127.º Incidentes		Artigo 10.º/8	
Artigo 128.º Processamento e julgamento dos incidentes			
Artigo 129.º Incidente de assistência			
Artigo 130.º Admissão do incidente de habilitação			
Artigo 131.º Impugnação em caso de autoliquidação		Cfr. Artigo 59.º/4	

Artigo 132.º Impugnação em caso de retenção na fonte		Cfr. Artigo 59.º/4		
Artigo 133.º Impugnação em caso de pagamento por conta		Cfr. Artigo 59.º/4		Artigo 57.º
Artigo 134.º Objecto da impugnação		Cfr. Artigo 59.º/4		Artigos 84.º e 86.º
Artigo 135.º Providências cautelares	Artigo 84.º			Artigo 51.º
Artigo 136.º Requisitos do arresto				Artigo 51.º
Artigo 137.º Caducidade				Artigo 51.º
Artigo 138.º Competência para o arresto				Artigo 51.º
Artigo 139.º Regime do arresto				Artigo 51.º
Artigo 140.º Requisitos do rrolamento				Artigo 51.º
Artigo 141.º Competência para o arrolamento				Artigo 51.º
Artigo 142.º Regime do arrolamento				Artigo 51.º
Artigo 143.º Impugnação da apreensão				Artigo 51.º
Artigo 144.º Impugnação das providências cautelares adoptadas pela administração tributária				Artigo 51.º
Artigo 145.º Reconhecimento de um direito ou interesse legítimo em matéria tributária		Artigo 37.º (*vide*, também, artigo 66.º segs.)		
Artigo 146.º Meios processuais acessórios		Artigo 112.º e segs. [55] Artigo 147.º e segs. [56] Artigo 157.º e segs. [57] Artigo 134.º [58]		Artigo 102.º
Artigo 146.º-A Processo especial de derrogação do dever de sigilo bancário		Artigo 36.º		
Artigo 146.º-B Tramitação do recurso interposto pelo contribuinte		Artigo 36.º		Artigos 63.º e 63.º-B

---

[55] Quanto às providências cautelares
[56] Quanto aos processos urgentes
[57] Quanto à execução de julgados
[58] Quanto à produção antecipada de prova

Artigo 146.º-C Tramitação do pedido de autorização da administração tributária		Artigo 36.º		Artigos 63.º e 63.º-B
Artigo 146.º-D Processo urgente		Artigo 36.º		Artigos 63.º e 63.º-B
Artigo 147.º Intimação para um comportamento		Artigo 37.º/2, als. c) e d) Artigo 37.º/3 Artigo 112.º [59]		Artigo 51.º
Artigo 148.º Âmbito da execução fiscal	Artigo 149.º/3 Artigo 155.º	--------------------		Artigo 103.º
Artigo 149.º Órgão da execução fiscal		--------------------		
Artigo 150.º Competência territorial		--------------------		
Artigo 152.º Legitimidade dos exequentes		--------------------		
Artigo 153.º Legitimidade dos executados		--------------------		
Artigo 154.º Legitimidade do cabeça de casal		--------------------		
Artigo 155.º Partilha entre sucessores		--------------------		
Artigo 156.º Falência do executado		--------------------		
Artigo 157.º Reversão contra terceiros adquirentes de bens		--------------------		
Artigo 158.º Reversão contra possuidores		--------------------		
Artigo 159.º Reversão no caso de substituição tributária		--------------------		
Artigo 160.º Reversão no caso de pluralidade de responsáveis subsidiários		--------------------		
Artigo 161.º Reversão da execução contra funcionários		--------------------		
Artigo 162.º Espécies de títulos executivos		--------------------		
Artigo 163.º Requisitos dos títulos executivos		--------------------		

---

[59] Correspondente ao n.º 6 do artigo 147.º do CPPT.

Artigo 164.º Elementos que acompanham o título executivo		------------------		
Artigo 165.º Nulidades. Regime		------------------		
Artigo 166.º Incidentes da instância e impugnações		------------------		
Artigo 167.º Incidente de embargo de terceiros		------------------		
Artigo 168.º Incidente de habilitação de terceiros		------------------		
Artigo 169.º Suspensão da execução. Garantias		------------------		Artigo 52.º
Artigo 170.º Dispensa da prestação de garantia		------------------		Artigo 52.º, n.º 4
Artigo 171.º Indemnização em caso de garantia indevida		------------------		Artigo 53.º
Artigo 172.º Suspensão da execução em virtude de acção judicial sobre os bens penhorados		------------------		
Artigo 173.º Suspensão da execução nos órgãos da execução fiscal deprecado		------------------		
Artigo 174.º Impossibilidade de deserção		------------------		
Artigo 175.º Prescrição ou duplicação da colecta		------------------		
Artigo 176.º Extinção do processo		------------------		
Artigo 177.º Prazo de extinção da execução		------------------		
Artigo 178.º Coligação de exequentes		------------------		
Artigo 179.º Apensação de exequentes		------------------		
Artigo 180.º Efeito do processo de recuperação da empresa e de falência na execução fiscal		------------------		
Artigo 181.º Deveres tributários do liquidatário judicial da falência		------------------		

Artigo 182.º Impossibilidade da declaração de falência		------------------		
Artigo 183.º Garantia. Local da prestação. Levantamento		------------------		
Artigo 183.º -A Caducidade da garantia		------------------		Artigo 53.º
Artigo 184.º Registo das execuções fiscais		------------------		
Artigo 185.º Formalidades das diligências		------------------		
Artigo 186.º Carta precatória extraída da execução		------------------		
Artigo 187.º Carta rogatória		------------------		
Artigo 188.º Instauração e autuação da execução		------------------		
Artigo 189.º Efeitos e função das citações		------------------		
Artigo 190.º Formalidades das citações		------------------		
Artigo 191.º Citações por via postal		------------------		
Artigo 192.º Citações pessoal e edital		------------------		
Artigo 193.º Penhora e venda em caso de citação por postal		------------------		
Artigo 194.º Citação no caso de o citando não ser encontrado		------------------		
Artigo 195.º Constituição de hipoteca legal ou penhor		------------------		Artigo 50.º, n.º 2, al. c)
Artigo 196.º Pagamento em prestações e outras medidas		------------------		Artigo 42.º
Artigo 197.º Entidade competente para autorizar as prestações		------------------		Artigo 52.º
Artigo 198.º Requisitos do pedido		------------------		
Artigo 199.º Garantias		------------------		Artigo 52.º
Artigo 200.º Consequências da falta de pagamento		------------------		

Artigo 201.º Dação em pagamento. Requisitos		------------------		Artigo 40.º
Artigo 202.º Bens dados em pagamento		------------------		Artigo 40.º
Artigo 203.º Prazo de oposição à execução		------------------		
Artigo 204.º Fundamentos da oposição à execução		------------------		Artigo 77.º
Artigo 205.º Duplicação da colecta		------------------		
Artigo 206.º Requisitos da petição de oposição à execução		------------------		
Artigo 207.º Local da apresentação da petição da oposição à execução		------------------		
Artigo 208.º Autuação da petição e remessa ao tribunal		------------------		
Artigo 209.º Rejeição liminar da oposição		------------------		
Artigo 210.º Notificação da oposição ao representante da Fazenda Pública		------------------		
Artigo 211.º Processamento da oposição. Alegações. Sentença		------------------		
Artigo 212.º Suspensão de execução		------------------		
Artigo 213.º Devolução da oposição ao órgão da execução fiscal		------------------		
Artigo 214.º Fundamentos do arresto. Conversão em penhora		------------------		
Artigo 215.º Mandato para a penhora. Ocorrências anómalas. Nomeação de bens à penhora		------------------		
Artigo 216.º Execução contra autarquia local ou outra pessoa de direito público		------------------		
Artigo 217.º Extensão da penhora		------------------		

Artigo 218.º Levantamento da penhora. Bens penhoráveis em execução fiscal		--------------------		
Artigo 219.º Bens prioritariamente a penhorar		--------------------		
Artigo 220.º Coima fiscal e responsabilidade de um dos cônjuges. Penhora de bens comuns do casal		--------------------		
Artigo 221.º Formalidade de penhora de móveis		--------------------		
Artigo 222.º Formalidades da penhora de veículos automóveis de aluguer		--------------------		
Artigo 223.º Formalidade da penhora de dinheiro ou valores depositados		--------------------		
Artigo 224.º Formalidades da penhora de créditos		--------------------		
Artigo 225.º Formalidades da penhora de partes sociais ou de quotas em sociedade		--------------------		
Artigo 226.º Formalidades de penhora de títulos de crédito emitidas por entidades públicas		--------------------		
Artigo 227.º Formalidades de penhora de quaisquer abonos ou vencimentos		--------------------		
Artigo 228.º Penhora de rendimentos periódicos		--------------------		
Artigo 229.º Formalidades de penhora de rendimentos		--------------------		
Artigo 230.º Penhora de móveis sujeita a registo		--------------------		
Artigo 231.º Formalidades de penhora de imóveis		--------------------		
Artigo 232.º Formalidades de penhora do direito a bens indivisos		--------------------		

Artigo 233.º Responsabilidade dos depositários		------------------		
Artigo 234.º Penhora de direitos		------------------		
Artigo 235.º Levantamento da penhora		------------------		
Artigo 236.º Inexistência de bens penhoráveis		------------------		
Artigo 237.º Função do incidente dos embargos de terceiro. Disposições aplicáveis		------------------		
Artigo 238.º Eficácia do caso julgado		------------------		
Artigo 239.º Citação dos credores preferentes e do cônjuge		------------------		
Artigo 240.º Convocação dos credores		------------------		
Artigo 241.º Citação do órgão de execução fiscal		------------------		
Artigo 242.º Citação edital dos credores desconhecidos e sucessores não habilitados dos preferentes		------------------		
Artigo 243.º Prazo de reclamação de créditos pelo representante da Fazenda Pública		------------------		
Artigo 244.º Realização da venda		------------------		
Artigo 245.º Verificação e graduação de créditos		------------------		
Artigo 246.º Disposições aplicáveis à reclamação de créditos		------------------		
Artigo 247.º Devolução do processo de reclamação de créditos ao órgão da execução fiscal		------------------	.	
Artigo 248.º Regra geral		------------------		
Artigo 249.º Publicidade da venda		------------------		

Tabela de Correspondência 215

Artigo 250.º Valor base dos bens para a venda	--------------------			
Artigo 251.º Local de entrega das propostas e de realização da venda. Equiparação da concessão mineira a imóvel	--------------------			
Artigo 252.º Outras modalidades de venda	--------------------			
Artigo 253.º Adjudicação dos bens na venda por proposta em carta fechada	--------------------			
Artigo 254.º Arrematação	--------------------			
Artigo 255.º Inexistência de propostas	--------------------			
Artigo 256.º Formalidades da venda	--------------------			
Artigo 257.º Prazos de anulação da venda	--------------------			
Artigo 258.º Remição	--------------------			
Artigo 259.º Levantamento da quantia necessária para o pagamento	--------------------			
Artigo 260.º Cancelamento de registos	--------------------			
Artigo 261.º Extinção da execução pelo pagamento coercivo	--------------------			
Artigo 262.º Insuficiência da importância arrecada. Pagamentos parciais	--------------------			**Artigo 40.º**
Artigo 263.º Guia para pagamento coercivo	--------------------			
Artigo 264.º Pagamento voluntário. Pagamento por conta	--------------------			
Artigo 265.º Formalidades do pagamento voluntário	--------------------			
Artigo 266.º Pagamento havendo carta precatória	--------------------			
Artigo 267.º Pagamento no órgão da execução fiscal deprecante	--------------------			

Artigo 268.º Pagamento no órgão da execução fiscal deprecada		-------------------		
Artigo 269.º Extinção da execução pelo pagamento voluntário				
Artigo 270.º Extinção da execução por anulação da dívida		-------------------		
Artigo 271.º Levantamento e cancelamento do registo		-------------------		
Artigo 272.º Declaração em falhas		-------------------		
Artigo 273.º Eliminação do prédio da matriz		-------------------		
Artigo 274.º Prosseguimento da execução da dívida declarada em falhas		-------------------		
Artigo 275.º Inscrição do prédio na matriz		-------------------		
Artigo 276.º Reclamações das decisões do órgão da execução fiscal		-------------------		
Artigo 277.º Prazo e apresentação da reclamação		-------------------		
Artigo 278.º Subida da reclamação. Resposta da Fazenda Pública e efeito suspensivo		-------------------		
Artigo 279.º Âmbito (*)		Artigo 140 e segs. Artigo 143.º Artigo 147.º		
Artigo 280.º Recursos das decisões proferidas em processos judiciais		Artigo 142.º		
Artigo 281.º Interposição, processamento e julgamento dos recursos		Artigo 140.º		
Artigo 282.º Forma de interposição do recurso. Regras gerais. Deserção				
Artigo 283.º Alegações apresentadas simultaneamente com a interposição do recurso		Artigo 144.º		

(*) Dos recursos jurisdicionais.

Artigo 284.º Oposição de acórdãos		Artigo 152.º		
Artigo 285.º Recursos dos despachos interlocutórios na impugnação				
Artigo 286.º Subida a recurso		Artigo 145.º		
Artigo 287.º Distribuição do recurso				
Artigo 288.º Conclusão ao relator. Conhecimento de questões prévias		Artigo 146.º		
Artigo 289.º Vistos		Artigo 146.º		
Artigo 290.º Marcação do julgamento				
Artigo 291.º Ordem dos julgamentos				
Artigo 292.º Elaboração da conta				
Artigo 293.º Revisão da sentença		Artigos 154.º a 156.º		

REFERÊNCIAS BIBLIOGRÁFICAS

AA. VV., *Problemas Fundamentais do Direito Tributário*, Vislis, 1999.

ALMEIDA, António Duarte de/MONTEIRO, Cláudio/ SILVA, José Luís Moreira da, "A caminho da plenitude da justiça administrativa", *Cadernos de Justiça Administrativa*, n.º 7, Janeiro/Fevereiro, 1998.

ALMEIDA, Mário Aroso de, *O Novo Regime do Processo nos Tribunais Administrativos*, 2.ª edição, Almedina, 2003 (disponível, entretanto, a 3.ª edição, 2004).

— "Breve introdução à reforma do contencioso administrativo", *Cadernos de Justiça Administrativa*, n.º 35, Setembro/Outubro, 2002.

ALMEIDA, Mário Aroso de/AMARAL, Diogo Freitas do, *Grandes Linhas da Reforma do Contencioso Administrativo*, Almedina, 2000 (disponível, entretanto, a 2.ª edição, 2004).

ANDRADE, José Carlos Vieira de, *A Justiça Administrativa*, 5.ª edição, Almedina, 2004.

— "Tutela cautelar", *Cadernos de Justiça Administrativa*, n.º 34, Julho/Agosto, 2002.

— *A Justiça Administrativa*, 3.ª edição, Almedina, 2000.

CADILHA, Carlos Alberto, "Debate Universitário", *Cadernos de Justiça Administrativa*, n.º 22, Julho/Agosto, 2000.

CAMPOS, Diogo Leite de/ CAMPOS, Mônica Horta Neves Leite de, *Direito Tributário*, 2.ª edição, reimpressão, Almedina, 2003.

CAMPOS, Diogo Leite de/RODRIGUES, Benjamim Silva/SOUSA, Jorge Lopes de, *Lei Geral Tributária, comentada e anotada*, 3.ª edição, Vislis, 2003.

FAVEIRO, Vítor, *O Estatuto do Contribuinte*, Coimbra Editora, 2002.

FERREIRA, Rogério Manuel Fernandes, "As alterações à Lei Geral Tributária e ao Código de Procedimento e de Processo Tributário", *Fisco*, n.º 99/100, Outubro, 2001, Ano XII.

GUERREIRO, António Lima, *Lei Geral Tributária Anotada*, Editora Rei dos Livros, 2001.

GUERREIRO, António Lima/SILVÉRIO, Dias Mateus, *Código de Processo Tributário Comentado*, 2.ª edição, Fisco, 1991.

MARTINEZ, Soares, *Manual de Direito Fiscal*, 4.ª reimpressão, Almedina, Coimbra, 1990.

NABAIS, José Casalta, *Direito Fiscal*, 2.ª edição, Almedina, 2003.

OLIVEIRA, Mário Esteves de/GONÇALVES, Pedro Costa/AMORIM, J. Pacheco de, *Código de Procedimento Administrativo*, Almedina, Coimbra, 1997.

OTERO, Paulo, "Impugnações Administrativas", *Cadernos de Justiça Administrativa*, n.º 28, Julho/Agosto, 2001.

PINTO, Ricardo Leite de, *Intimação para um Comportamento, Contributo para o Estudo dos Procedimentos Cautelares no Contencioso Administrativo*, Edições Cosmos, 1995.

REBELO, Marta, "Breves considerações em torno da intimação para um comportamento em matéria tributária", *Fiscalidade*, n.º 17, Janeiro, 2004.

— "A tutela jurisdicional efectiva e os poderes de pronúncia do juiz em sede de acção para o reconhecimento de um direito ou interesse em matéria fiscal – a teoria do *alcance médio*", *Fiscalidade*, n.º 13/14, Janeiro/Abril, 2003.

— "A acção condenatória na reforma do contencioso administrativo – os actos e as operações materiais devidas pela Administração", *Revista Jurídica*, n.º 24, AAFDL, Abril, 2001.

SANCHES, J.L. Saldanha, *Manual de Direito Fiscal*, 2.ª edição, Coimbra Editora, 2002.

— "O indeferimento tácito em matéria fiscal: uma garantia do contribuinte?", *Fiscalidade*, n.º 11, Julho, 2002.

— "O contencioso tributário como contencioso de plena jurisdição", *Fiscalidade*, n.º 7/8, Julho/Outubro, 2001.

— "Processo Fiscal", *Dicionário Jurídico da Administração Pública*, 1.º suplemento, Lisboa, 1998.

— "Interesse Público e Princípio da Legalidade Administrativa", *Revista Jurídica*, n.º 7, Julho-Setembro, nova série, 1986.

SOUSA, Alfredo José de/PAIXÃO, José da Silva, *Código de Processo Tributário, Comentado e Anotado*, 3.ª edição, Almedina, Coimbra, 1997.

SOUSA, Jorge Lopes de, *Código de Procedimento e de Processo Anotado*, 4.ª edição, Vislis, 2003.

SILVEIRA, João Tiago V. A., "A reforma do contencioso administrativa", *Revista Jurídica*, n.º 25, Abril 2002.

XAVIER, Alberto Pinheiro, *Conceito e Natureza do Acto Tributário*, Livraria Almedina, Coimbra, 1972.

ÍNDICE

NOTA PRÉVIA	5
INTRODUÇÃO	7
ABREVIATURAS UTILIZADAS	11
DECRETO-LEI DE APROVAÇÃO DO CÓDIGO DE PROCEDIMENTO E DE PROCESSO TRIBUTÁRIO	15
DECRETO-LEI N.º 433/99, de 26 de Outubro	17
CÓDIGO DE PROCEDIMENTO E DE PROCESSO TRIBUTÁRIO	25
TÍTULO I – Disposições Gerais	27
CAPÍTULO I – Âmbito e direito subsidiário	27
Artigo 1.º – Âmbito	27
Artigo 2.º – Direito subsidiário	27
CAPÍTULO II – Dos sujeitos procedimentais e processuais	28
SECÇÃO I – Da personalidade e da capacidade tributárias	28
Artigo 3.º – Personalidade e capacidade tributárias	28
Artigo 4.º – Intervenção das sucursais	28
Artigo 5.º – Mandato tributário	28
Artigo 6.º – Mandato judicial	29
Artigo 7.º – Curador especial ou provisório	32
Artigo 8.º – Representação das entidades desprovidas de personalidade jurídica mas que disponham de personalidade tributária e das sociedades ou pessoas colectivas sem representante conhecido	32
SECÇÃO II – Da legitimidade	33
Artigo 9.º – Legitimidade	33
SECÇÃO III – Da competência	33
Artigo 10.º – Competências da administração tributária	33
Artigo 11.º – Conflitos de competência	35
Artigo 12.º – Competência dos tribunais tributários	35

Artigo 13.º – Poderes do juiz	36
Artigo 14.º – Competências do Ministério Público	38
Artigo 15.º – Competência do representante da Fazenda Pública	42
Artigo 16.º – Incompetência absoluta em processo judicial	45
Artigo 17.º – Incompetência territorial em processo judicial	45
Artigo 18.º – Efeitos da declaração judicial de incompetência	45
Artigo 19.º – Deficiências ou irregularidades processuais	46
SECÇÃO IV – Dos actos procedimentais e processuais	46
SUBSECÇÃO I – Dos prazos	46
Artigo 20.º – Prazos	46
Artigo 21.º – Despachos e sentenças. Prazos	48
Artigo 22.º – Promoções do Ministério Público e do representante da Fazenda Pública. Prazo	48
Artigo 23.º – Prazos fixados	48
Artigo 24.º – Passagem de certidões e cumprimento de cartas precatórias	49
Artigo 25.º – Cumprimento dos prazos	49
SUBSECÇÃO II – Do expediente interno	49
Artigo 26.º – Recibos	49
Artigo 27.º – Processos administrativos ou judiciais instaurados. Extracção de verbetes. Averbamentos. Verbetes e cartas precatórias	50
Artigo 28.º – Arquivo	51
Artigo 29.º – Modelos dos impressos processuais	52
Artigo 30.º – Consulta dos processos administrativos ou judiciais	52
Artigo 31.º – Editais	52
Artigo 32.º – Restituição de documentos	52
Artigo 33.º – Processos administrativos ou judiciais concluídos	53
Artigo 34.º – Valor probatório dos documentos existentes nos arquivos da administração tributária	53
SUBSECÇÃO III – Das notificações e citações	53
Artigo 35.º – Notificações e citações	53
Artigo 36.º – Notificações em geral	54
Artigo 37.º – Comunicação ou notificação insuficiente	54
Artigo 38.º – Avisos e notificações por via postal ou telecomunicações endereçadas	55
Artigo 39.º – Perfeição das notificações	56
Artigo 40.º – Notificação aos mandatários	57
Artigo 41.º – Notificação ou citação das pessoas colectivas ou sociedades	57
Artigo 42.º – Notificação ou citação do Estado, das autarquias locais e dos serviços públicos	57
Artigo 43.º – Obrigação de participação de domicílio	58
TÍTULO II – Do Procedimento Tributário	58
CAPÍTULO I – Disposições gerais	58
Artigo 44.º – Procedimento tributário	58
Artigo 45.º – Contraditório	59

ARTIGO 46.º – Proporcionalidade	60
ARTIGO 47.º – Duplo grau de decisão	60
ARTIGO 48.º – Cooperação da administração tributária e do contribuinte	60
ARTIGO 49.º – Cooperação de entidades públicas	61
ARTIGO 50.º – Meios de prova	61
ARTIGO 51.º – Contratação de outras entidades	61
ARTIGO 52.º – Erro na forma de procedimento	62
ARTIGO 53.º – Arquivamento	62
ARTIGO 54.º – Impugnação unitária	62
CAPÍTULO II – Procedimentos prévios de informação e avaliação	66
ARTIGO 55.º – Orientações genéricas	66
ARTIGO 56.º – Base de dados	67
ARTIGO 57.º – Informações vinculativas	67
ARTIGO 58.º – Avaliação prévia	68
CAPÍTULO III – Do procedimento de liquidação	68
SECÇÃO I – Da instauração	68
ARTIGO 59.º – Início do procedimento	68
SECÇÃO II – Da decisão	70
ARTIGO 60.º – Definitividade dos actos tributários	70
SECÇÃO III – Dos juros indemnizatórios	70
ARTIGO 61.º – Juros indemnizatórios	70
SECÇÃO V – Procedimentos próprios	71
ARTIGO 62.º – Acto de liquidação consequente	71
ARTIGO 63.º – Aplicação das normas anti-abuso	71
ARTIGO 64.º – Presunções	72
CAPÍTULO IV – Do reconhecimento dos benefícios fiscais	73
ARTIGO 65.º – Reconhecimento dos benefícios fiscais	73
CAPÍTULO V – Dos recursos hierárquicos	73
ARTIGO 66.º – Interposição do recurso hierárquico	73
ARTIGO 67.º – Recurso hierárquico. Relações com o recurso contencioso	74
CAPÍTULO VI – Do procedimento de reclamação graciosa	74
ARTIGO 68.º – Procedimento de reclamação graciosa	74
ARTIGO 69.º – Regras fundamentais	75
ARTIGO 70.º – Fundamentos e prazo de reclamação graciosa	75
ARTIGO 71.º – Cumulação de pedidos	76
ARTIGO 72.º – Coligação de reclamantes	76
ARTIGO 73.º – Competência para a instauração e instrução do processo	77
ARTIGO 74.º – Apensação	77
ARTIGO 75.º – Entidade competente para a decisão	78
ARTIGO 76.º – Recurso hierárquico. Relações com o recurso contencioso	78
ARTIGO 77.º – Agravamento da colecta	78

CAPÍTULO VII – Da cobrança 79
SECÇÃO I – Disposições gerais 79
    Artigo 78.º – Modalidades da cobrança 79
    Artigo 79.º – Competência 79
SECÇÃO II – Das garantias da cobrança 79
    Artigo 80.º – Citação para reclamação de créditos tributários 79
    Artigo 81.º – Restituição do remanescente nas execuções 80
    Artigo 82.º – Trespasse de estabelecimento comercial ou industrial 80
    Artigo 83.º – Sociedades inactivas 81
SECÇÃO III – Do pagamento voluntário 81
    Artigo 84.º – Pagamento voluntário 81
    Artigo 85.º – Prazos. Proibição da moratória e da suspensão da execução   81
    Artigo 86.º – Termo do prazo de pagamento voluntário. Pagamentos por conta 82
    Artigo 87.º – Dação em pagamento antes da execução fiscal 83
    Artigo 88.º – Extracção das certidões de dívida 83
    Artigo 89.º – Compensação de dívidas de tributos por iniciativa da administração tributária 84
    Artigo 90.º – Compensação por iniciativa do contribuinte 86
SECÇÃO IV – Das formas e meios de pagamento 86
    Artigo 91.º – Condições da sub-rogação 86
    Artigo 92.º – Sub-rogação. Garantias 87
    Artigo 93.º – Documentos, conferências e validação dos pagamentos 87
    Artigo 94.º – Prova de pagamento 87
    Artigo 95.º – Cobrança de receitas não liquidadas pela administração tributária 88

TÍTULO III – Do Processo Judicial Tributário 88

CAPÍTULO I – Disposições gerais 88
SECÇÃO I – Da natureza e forma de processo judicial tributário 88
    Artigo 96.º – Objecto 88
    Artigo 97.º – Processo judicial tributário 89
SECÇÃO II – Das nulidades do processo judicial tributário 95
    Artigo 98.º – Nulidades insanáveis 95

CAPÍTULO II – Do processo de impugnação 96
SECÇÃO I – Disposições gerais 96
    Artigo 99.º – Fundamentos da impugnação 96
    Artigo 100.º – Dúvida sobre o facto tributário. Utilização de métodos indirectos 96
    Artigo 101.º – Arguição subsidiária de vícios 97
SECÇÃO II – Da petição 97
    Artigo 102.º – Impugnação judicial. Prazo de apresentação 97
    Artigo 103.º – Apresentação. Local. Efeito suspensivo 98

Artigo 104.º – Cumulação de pedidos e coligação de autores	99
Artigo 105.º – Apensação	101
Artigo 106.º – Indeferimento tácito	101
Artigo 107.º – Petição dirigida ao delegante ou subdelegante	103
Artigo 108.º – Requisitos da petição inicial	103
Artigo 109.º – Despesas com a produção de prova	104
SECÇÃO III – Da contestação	104
Artigo 110.º – Contestação	104
Artigo 111.º – Organização do processo administrativo	105
SECÇÃO IV – Do conhecimento inicial do pedido	106
Artigo 112.º – Revogação do acto impugnado	106
Artigo 113.º – Conhecimento imediato do pedido	107
SECÇÃO V – Do instrução	108
Artigo 114.º – Diligências de prova	108
Artigo 115.º – Meios de prova	108
Artigo 116.º – Pareceres técnicos. Prova Pericial	108
Artigo 117.º – Impugnação com base em erro na quantificação da matéria tributável ou nos pressupostos de aplicação de métodos indirectos	109
Artigo 118.º – Testemunhas	110
Artigo 119.º – Depoimento das testemunhas	110
Artigo 120.º – Notificação para alegações	111
Artigo 121.º – Vista do Ministério Público	111
SECÇÃO VI – Da sentença	111
Artigo 122.º – Conclusão dos Autos. Sentença	111
Artigo 123.º – Sentença. Objecto	112
Artigo 124.º – Ordem de conhecimento dos vícios na sentença	112
Artigo 125.º – Nulidades da sentença	113
Artigo 126.º – Notificação da sentença	113
SECÇÃO VII – Dos incidentes	113
Artigo 127.º – Incidentes	113
Artigo 128.º – Processamento e julgamento dos incidentes	114
Artigo 129.º – Incidente de assistência	114
Artigo 130.º – Admissão do incidente de habilitação	114
SECÇÃO VIII – Da impugnação dos actos de autoliquidação, substituição tributária e pagamentos por conta	114
Artigo 131.º – Impugnação em caso de autoliquidação	114
Artigo 132.º – Impugnação em caso de retenção na fonte	115
Artigo 133.º – Impugnação em caso de pagamento por conta	115
Artigo 134.º – Objecto da impugnação	116
CAPÍTULO III – Dos processos de acção cautelar	117
SECÇÃO I – Disposições gerais	117
Artigo 135.º – Providências cautelares	117

SECÇÃO II – Do arresto 117
    Artigo 136.º – Requisitos do arresto 117
    Artigo 137.º – Caducidade 118
    Artigo 138.º – Competência para o arresto 118
    Artigo 139.º – Regime do arresto 119
SECÇÃO III – Do arrolamento 119
    Artigo 140.º – Requisitos do arrolamento 119
    Artigo 141.º – Competência para o arrolamento 119
    Artigo 142.º – Regime do arrolamento 119
SECÇÃO IV – Da apreensão 119
    Artigo 143.º – Impugnação da apreensão 119
SECÇÃO V – Da impugnação das providências cautelares adoptadas pela administração tributária 120
    Artigo 144.º – Impugnação das providências cautelares adoptadas pela administração tributária 120

CAPÍTULO IV – Acção para o reconhecimento de um direito ou interesse legítimo em matéria tributária 121
    Artigo 145.º – Reconhecimento de um direito ou interesse legítimo em matéria tributária 121

CAPÍTULO V – Dos meios processuais acessórios 125
    Artigo 146.º – Meios processuais acessórios 125
    Artigo 146.º-A – Processo especial de derrogação do dever de sigilo bancário 129
    Artigo 146.º-B – Tramitação do recurso interposto pelo contribuinte 129
    Artigo 146.º-C – Tramitação do pedido de autorização da administração tributária 130
    Artigo 146.º-D – Processo urgente 131

CAPÍTULO VI – Da intimação para um comportamento 131
    Artigo 147.º – Intimação para um comportamento 131

TÍTULO IV – Da Execução Fiscal 136

CAPÍTULO I – Disposições gerais 136
SECÇÃO I – Do âmbito 136
    Artigo 148.º – Âmbito da execução fiscal 136
SECÇÃO II – Da competência 137
    Artigo 149.º – Órgão da execução fiscal 137
    Artigo 150.º – Competência territorial 137
    Artigo 151.º – Competência dos tribunais tributários 137
SECÇÃO III – Da legitimidade 138
    SUBSECÇÃO I – Da legitimidade dos exequentes 138
        Artigo 152.º – Legitimidade dos exequentes 138

SUBSECÇÃO II – Da legitimidade dos executados 138
 Artigo 153.º – Legitimidade dos executados 138
 Artigo 154.º – Legitimidade do cabeça de casal 138
 Artigo 155.º – Partilha entre sucessores 139
 Artigo 156.º – Falência do executado 139
 Artigo 157.º – Reversão contra terceiros adquirentes de bens 139
 Artigo 158.º – Reversão contra possuidores 140
 Artigo 159.º – Reversão no caso de substituição tributária 140
 Artigo 160.º – Reversão no caso de pluralidade de responsáveis subsidiários 140
 Artigo 161.º – Reversão da execução contra funcionários 141
SECÇÃO IV – Dos títulos executivos 141
 Artigo 162.º – Espécies de títulos executivos 141
 Artigo 163.º – Requisitos dos títulos executivos 142
 Artigo 164.º – Elementos que acompanham o título executivo 142
SECÇÃO V – Das nulidades processuais 142
 Artigo 165.º – Nulidades. Regime 142
SECÇÃO VI – Dos incidentes e impugnações 143
 Artigo 166.º – Incidentes da instância e impugnações 143
 Artigo 167.º – Incidente de embargo de terceiros 143
 Artigo 168.º – Incidente de habilitação de terceiros 143
SECÇÃO VII – Da suspensão, interrupção e extinção do processo 144
 Artigo 169.º – Suspensão da execução. Garantias 144
 Artigo 170.º – Dispensa da prestação de garantia 144
 Artigo 171.º – Indemnização em caso de garantia indevida 145
 Artigo 172.º – Suspensão da execução em virtude de acção judicial sobre os bens penhorados 145
 Artigo 173.º – Suspensão da execução nos órgãos da execução fiscal deprecado 145
 Artigo 174.º – Impossibilidade de deserção 145
 Artigo 175.º – Prescrição ou duplicação da colecta 146
 Artigo 176.º – Extinção do processo 146
 Artigo 177.º – Prazo de extinção da execução 146
CAPÍTULO II – Do processo 146
 SECÇÃO I – Disposições gerais 146
  Artigo 178.º – Coligação de exequentes 146
  Artigo 179.º – Apensação de exequentes 147
  Artigo 180.º – Efeito do processo de recuperação da empresa e de falência na execução fiscal 147
  Artigo 181.º – Deveres tributários do liquidatário judicial da falência 148
  Artigo 182.º – Impossibilidade da declaração de falência 148
  Artigo 183.º – Garantia. Local da prestação. Levantamento 149
  Artigo 183.º-A – Caducidade da garantia 149
  Artigo 184.º – Registo das execuções fiscais 150

ARTIGO 185.º – Formalidades das diligências	151
ARTIGO 186.º – Carta precatória extraída da execução	151
ARTIGO 187.º – Carta rogatória	151
SECÇÃO II – Da instauração e citação	152
ARTIGO 188.º – Instauração e autuação da execução	152
ARTIGO 189.º – Efeitos e função das citações	152
ARTIGO 190.º – Formalidades das citações	153
ARTIGO 191.º – Citações por via postal	153
ARTIGO 192.º – Citações pessoal e edital	153
ARTIGO 193.º – Penhora e venda em caso de citação por postal	154
ARTIGO 194.º – Citação no caso de o citando não ser encontrado	155
SECÇÃO III – Garantias especiais	155
ARTIGO 195.º – Constituição de hipoteca legal ou penhor	155
ARTIGO 196.º – Pagamento em prestações e outras medidas	156
ARTIGO 197.º – Entidade competente para autorizar as prestações	157
ARTIGO 198.º – Requisitos do pedido	157
ARTIGO 199.º – Garantias	158
ARTIGO 200.º – Consequências da falta de pagamento	159
SECÇÃO V – Da dação em pagamento	159
ARTIGO 201.º – Dação em pagamento. Requisitos	159
ARTIGO 202.º – Bens dados em pagamento	161
SECÇÃO VI – Da execução	162
ARTIGO 203.º – Prazo de oposição à execução	162
ARTIGO 204.º – Fundamentos da oposição à execução	163
ARTIGO 205.º – Duplicação da colecta	163
ARTIGO 206.º – Requisitos da petição de oposição à execução	164
ARTIGO 207.º – Local da apresentação da petição da oposição à execução	164
ARTIGO 208.º – Autuação da petição e remessa ao tribunal	164
ARTIGO 209.º – Rejeição liminar da oposição	165
ARTIGO 210.º – Notificação da oposição ao representante da Fazenda Pública	165
ARTIGO 211.º – Processamento da oposição. Alegações. Sentença	165
ARTIGO 212.º – Suspensão de execução	165
ARTIGO 213.º – Devolução da oposição ao órgão da execução fiscal	165
SECÇÃO VII – Da apreensão de bens	166
SUBSECÇÃO I – Do arresto	166
ARTIGO 214.º – Fundamentos do arresto. Conversão em penhora	166
SUBSECÇÃO II – Da penhora	166
ARTIGO 215.º – Mandato para a penhora. Ocorrências anómalas. Nomeação de bens à penhora	166
ARTIGO 216.º – Execução contra autarquia local ou outra pessoa de direito público	167
ARTIGO 217.º – Extensão da penhora	167

ARTIGO 218.º – Levantamento da penhora. Bens penhoráveis em execução fiscal..	167
ARTIGO 219.º – Bens prioritariamente a penhorar............................	168
ARTIGO 220.º – Coima fiscal e responsabilidade de um dos cônjuges. Penhora de bens comuns do casal............................	168
ARTIGO 221.º – Formalidade de penhora de móveis..........................	169
ARTIGO 222.º – Formalidades da penhora de veículos automóveis de aluguer..	169
ARTIGO 223.º – Formalidade da penhora de dinheiro ou valores depositados..	169
ARTIGO 224.º – Formalidades da penhora de créditos......................	170
ARTIGO 225.º – Formalidades da penhora de partes sociais ou de quotas em sociedade..	171
ARTIGO 226.º – Formalidades de penhora de títulos de crédito emitidas por entidades públicas..	171
ARTIGO 227.º – Formalidades de penhora de quaisquer abonos ou vencimentos..	171
ARTIGO 228.º – Penhora de rendimentos periódicos..........................	172
ARTIGO 229.º – Formalidades de penhora de rendimentos................	172
ARTIGO 230.º – Penhora de móveis sujeita a registo.........................	173
ARTIGO 231.º – Formalidades de penhora de imóveis.......................	173
ARTIGO 232.º – Formalidades de penhora do direito a bens indivisos.	174
ARTIGO 233.º – Responsabilidade dos depositários...........................	175
ARTIGO 234.º – Penhora de direitos..	175
ARTIGO 235.º – Levantamento da penhora..	175
ARTIGO 236.º – Inexistência de bens penhoráveis.............................	175
SUBSECÇÃO III – Dos embargos de terceiro....................................	176
ARTIGO 237.º – Função do incidente dos embargos de terceiro. Disposições aplicáveis..	176
ARTIGO 238.º – Eficácia do caso julgado..	176
SECÇÃO VIII – Da convocação dos credores e da verificação dos créditos	177
ARTIGO 239.º – Citação dos credores preferentes e do cônjuge............	177
ARTIGO 240.º – Convocação dos credores...	177
ARTIGO 241.º – Citação do órgão de execução fiscal........................	177
ARTIGO 242.º – Citação edital dos credores desconhecidos e sucessores não habilitados dos preferentes..............................	178
ARTIGO 243.º – Prazo de reclamação de créditos pelo representante da Fazenda Pública..	178
ARTIGO 244.º – Realização da venda...	178
ARTIGO 245.º – Verificação e graduação de créditos........................	179
ARTIGO 246.º – Disposições aplicáveis à reclamação de créditos.........	179
ARTIGO 247.º – Devolução do processo de reclamação de créditos ao órgão da execução fiscal......................................	179
SECÇÃO IX – Da venda dos bens penhorados..................................	180
ARTIGO 248.º – Regra geral...	180
ARTIGO 249.º – Publicidade da venda...	180

Artigo 250.º – Valor base dos bens para a venda	181
Artigo 251.º – Local de entrega das propostas e de realização da venda. Equiparação da concessão mineira a imóvel	181
Artigo 252.º – Outras modalidades de venda	182
Artigo 253.º – Adjudicação dos bens na venda por proposta em carta fechada	183
Artigo 254.º – Arrematação	183
Artigo 255.º – Inexistência de propostas	183
Artigo 256.º – Formalidades da venda	184
Artigo 257.º – Prazos de anulação da venda	185
Artigo 258.º – Remição	186
SECÇÃO X – Da extinção da execução	186
SUBSECÇÃO I – Da extinção por pagamento coercivo	186
Artigo 259.º – Levantamento da quantia necessária para o pagamento	186
Artigo 260.º – Cancelamento de registos	186
Artigo 261.º – Extinção da execução pelo pagamento coercivo	187
Artigo 262.º – Insuficiência da importância arrecada. Pagamentos parciais	187
Artigo 263.º – Guia para pagamento coercivo	188
SUBSECÇÃO II – Da extinção por pagamento voluntário	188
Artigo 264.º – Pagamento voluntário. Pagamento por conta	188
Artigo 265.º – Formalidades do pagamento voluntário	189
Artigo 266.º – Pagamento havendo carta precatória	189
Artigo 267.º – Pagamento no órgão da execução fiscal deprecante	189
Artigo 268.º – Pagamento no órgão da execução fiscal deprecada	189
Artigo 269.º – Extinção da execução pelo pagamento voluntário	190
Artigo 270.º – Extinção da execução por anulação da dívida	190
Artigo 271.º – Levantamento e cancelamento do registo	190
SUBSECÇÃO III – Da declaração em falhas	190
Artigo 272.º – Declaração em falhas	190
Artigo 273.º – Eliminação do prédio da matriz	191
Artigo 274.º – Prosseguimento da execução da dívida declarada em falhas	191
Artigo 275.º – Inscrição do prédio na matriz	191
SECÇÃO XI – Das reclamações e recursos das decisões dos órgãos da execução fiscal	191
Artigo 276.º – Reclamações das decisões do órgão da execução fiscal	191
Artigo 277.º – Prazo e apresentação da reclamação	191
Artigo 278.º – Subida da reclamação. Resposta da Fazenda Pública e efeito suspensivo	192
TÍTULO V – Dos Recursos dos Actos Jurisdicionais	193
Artigo 279.º – Âmbito	193
Artigo 280.º – Recursos das decisões proferidas em processos judiciais	193

Artigo 281.º	– Interposição, processamento e julgamento dos recursos	194
Artigo 282.º	– Forma de interposição do recurso. Regras gerais. Deserção	194
Artigo 283.º	– Alegações apresentadas simultaneamente com a interposição do recurso	195
Artigo 284.º	– Oposição de acórdãos	195
Artigo 285.º	– Recursos dos despachos interlocutórios na impugnação	196
Artigo 286.º	– Subida a recurso	196
Artigo 287.º	– Distribuição do recurso	197
Artigo 288.º	– Conclusão ao relator. Conhecimento de questões prévias	197
Artigo 289.º	– Vistos	197
Artigo 290.º	– Marcação do julgamento	197
Artigo 291.º	– Ordem dos julgamentos	198
Artigo 292.º	– Elaboração da conta	198
Artigo 293.º	– Revisão da sentença	198

TABELA DE CORRESPONDÊNCIA 199